중국과 대만의 한국학 지형도 연구 총서 3

중국과 대만의
한국학 지식 지형도

경제 · 경영 분야
학술 데이터 분석

중국과 대만의 한국학 지형도 연구 총서 3

중국과 대만의
한국학 지식 지형도

경제 · 경영 분야
학술 데이터 분석

예성호 지음

본서 요약

　본 연구는 중국과 대만 지식인들이 한국(경제·경영 분야)을 어떻게 인식하고 있을까라는 문제에서 출발했다. 즉, 한국을 어떻게 개념화해서 관련 지식을 생산, 확산하고 있는지 파악했다. 이를 위해 중국과 대만의 학술DB 관련 문헌에 대한 계량 서지학적 분석, 키워드 연결망 분석, 원문 내용 분석 등의 데이터 분석을 진행했다. 이를 통해 한국에 대한 인식의 결과물인 지식구조가 시간의 흐름에 따라 어떻게 확산되며 지식 지형도를 형성하고 있는지 파악했다. 또한 중국(1991-2020년)과 대만(1951-2018년) 지역의 지식구조를 비교 분석했다.

　이상의 연구를 통해 본 연구는 아래와 같은 유의미한 결과를 도출했다. 중국의 한국학 지식 지형도에서는 연도별 키워드 분포 추이 분석을 통해 1992-1997년, 1998-2004년, 2005-2009년, 2010-2020년의 네 시기로 구분했으며, 크게 아래 세 가지의 지식구조와 그 의미를 파악했다. 첫 번째, 한국의 새마을운동 경험을 시사점으로 삼아 중국 사회주의 신농촌 건설을 추진하는 지식구조이다. 두 번째, 한국이 대외 지향형 및 노동 집약형 수출산업으로 경제 발전을 이루었다는 지식구조이다. 세 번째, 한국 경제발전 과정에서 외자도입으로 금융위기를 맞이했다는 지식구조이다.

대만의 한국학 지식 지형도에서는 1950년대, 1960년대, 1970년대, 1980년, 1990년대, 2000-2018년의 여섯 시기로 구분했으며, 크게 아래 세 가지 지식구조를 파악했다. 우선, 한국의 경제개발 계획과 수출개발 사업, 한국의 수출정책과 수출제품 관련 지식구조이다. 두 번째, 석유산업, 화학산업, 기계산업 등 한국 경제 중 특정 산업에 대한 지식구조이다. 세 번째, 한국과 일본의 수출 경쟁, 한국과 대만의 산업경제 비교, 한국과 대만의 정책 비교와 시사점, 한국과 대만 기술 투자 비교 등의 지식구조이다.

이러한 양국 지식 지형도의 차이는 중국식 사회주의 시장경제를 지향하는 중국과 아시아의 네 마리 용으로 한국과 같이 자본주의 길을 걷고 있는 대만의 경로상의 차이에서 비롯된 것이라고 판단된다. 중국과 대만 모두 한국의 경제 발전에 주목했다. 그런데 중국은 농촌 발전을 위한 한국의 새마을운동에 주목한 반면, 대만은 경제 발전을 통해 고도로 산업화된 한국의 경쟁력 있는 관련 산업에 주목했다. 한국의 금융위기 속에서 중국은 정부의 역할에 주목한 반면, 대만은 보다 선진적인 발전을 위해 금융정책에 주목했다. 중국은 중국식 발전 모델 창출에 있어 한국을 하나의 학습 대상으로 보는 경향이 강한 반면, 대만은 한중 경제 관계가 더욱 밀접해지는 상황에서 자신의 비교 우위 확보에 주안점을 둔 것으로 판단된다.

하지만 이러한 지식구조의 차이에도 불구하고 중국과 대만의 지식 지형도 분석을 통해 '시사점(啓示)', '비교(比較)'라는 키워드가 한국학 지식구조 형성에 매우 빈번하게 등장하고 있음을 확인했다. 즉, 한국을 성공 경험의 발전 모델과 실패 경험의 반면교사로 삼아 자신들에게 유익한 시사점을 도출하고자 했다.

본 연구는 이상의 연구 내용을 토대로 한국학 지식 지형도의 오피니언 리더 분석과 그 확산 모델을 논의했으며, 몇 가지 정책적 방안을 제시했다. 특히 중국 내 집단적 지식으로 확산된 '새마을운동' 지식구조를 한국학의 세계화를 위한 중요한 사례로 제시했다. 또한 '중국의 한국학' 지식구조와 '한국의 한국학' 지식구조의 비교 분석을 통한 관련 시사점을 제시했다.

일러두기

☞ 중국어의 한글 표기는 국립국어원의 외래어표기법 준수를 원칙으로 해야 하지만, 중국과 대만의 학술 데이터 분석이라는 본서의 특성을 감안하여 아래와 같이 표기했다.

1. 저자명, 저널명, 저널 제목, 키워드 등은 한글 독음과 함께 괄호 안에 해당 국가(중국과 대만) 원어(간체자와 번체자)로 병기했다. 다만, 우리나라 독자 편의를 고려하여 한글 독음으로 의미가 통하지 않을 경우 한국어로 번역하여 표현했다. 예를 들어, 계시(启示) → 시사점(启示), 신촌운동(新村运动) → 새마을운동(新村运动)

2. 저자명, 저널명, 저널 제목, 키워드 관련 표나 그림으로 제시할 경우 관련 용어를 모두 원어로만 표기했고, 본문 설명 시 한글 독음과 원어를 병기했다.

3. 본서의 표와 그림은 필자가 직접 작성한 것으로, 다른 곳에서 인용한 경우에만 그 출처를 별도로 명시했다.

목
차

제1장

서론

- 본 장에서는 본 연구를 진행하게 된 배경과 필요성, 연구 목표를 제시한다. 이를 토대로 한국학 지식 지형도 연구 관련 선행 연구 검토와 이론적 논의를 진행한다. 또한 연구 방법에서는 중국과 대만 지역의 한국학 지식 지형도 연구를 위한 학술DB 소개, 데이터 수집과 선정, 데이터 분석(계량 서지학적 분석, 키워드 연결망 분석, 원문 내용 분석 등)에 대해 서술한다.

제1절 연구의 필요성과 연구 목표[1]

한중 수교 이후 양국 간 다양한 분야에서 광범위한 교류가 진행되어 왔다. 이런 과정에서 양국 간 형성된 상호 인식에 대한 연구는 매우 중요한 문제가 아닐 수 없다. 흔히들 역사적 공유성, 지리적 근접성, 문화적 유사성을 바탕으로 양국 관계가 급속한 발전을 이루었다고 설명한다. 하지만 실제로 양국 간 '물리적 거리'에 맞지 않는 '문화적·심리적 거리'가 존재한다. 예성호(2013; 2016) 연구는 재중 한국인과 중국인과의 교류, 한중 기업인들 간 교류 특징을 '초점 없는 상호 작용'이라는 개념을 통해 동일한 현실 세계에 대한 상호 간 인식 차이가 극명하게 존재하고 있음을 보여준다.[2]

---

1) 1장 서론과 각 장의 연구 결과 내용은 '예성호, 중국의 한국학 지식지도 연구: 1992~2016년 경제·경영 분야의 학술논문 키워드 연결망 분석, 중국학연구, 90집, 2019'; '중국학연구회 제113차 정기학술대회(2020년 11월 28일) 발표 자료'; '예성호, 빅데이터 분석으로 본 중국의 對한국 인식구조(1992년~2020년), 중국전문가포럼(CSF) 전문가 오피니언, 12월 발표 자료'의 내용을 토대로 작성한 것이다.

한중 양국의 학술교류가 증가하면서 중국인 연구자에 대한 인식과 평가도 다양한데, 그 중에서도 중국인 학자의 학술논문이 심층적인 신문 기사나 정책 보고서라는 평가가 많다. 중국에서 가장 영향력 있는 국제정치학자면서 중국 외교관 양성 전문기관인 외교대학(外交学院)의 총장을 역임한 진아청(秦亚青)은 이러한 중국인 학자의 학술논문에 대한 평가를 언급하면서 중국학자의 자성이 필요함을 지적한 바 있다(秦亚青, 1992).

중국에서의 한국학은 한국어 교육을 비롯하여 여러 영역에서 다양한 학술적 성과를 내놓고 있지만 한국학 발전에 대한 학술적 논쟁은 상대적으로 매우 적다. 중국의 한국학 발전이 '순수 학문적 요인'보다는 다소 '현실적인 동기'가 영향을 발휘하고 있다(김중섭 외, 2012). 학문에 대한 응용성, 실용성을 강조하는 사회적 요구 속에서 중국학자들의 한국에 대한 연구가 가치중립에 입각한 학술적 논의에 앞서 자국의 이해관계, 문화적 가치에 입각하여 한국을 바라보고 있다(김종현, 2008; 송현호, 2012).

본 연구는 중국과 대만에서 한국을 어떻게 바라보고 있는가라는 문제 의식에서 출발했다. 즉 중국에서의 한국을 어떻게 인식하고 있는지를 살펴보기 위해 중국에서 생산된 한국 관련 지식구조를 파악하고 그 의미를 분석하고자 했다. 여기서 인식이란 현상이나 대상에 대해 개념

---

2) '초점 없는 상호작용'(unfocused interaction)이란 관심의 초점을 공유하지 않은 채 각자 제 볼일을 계속하는 상호작용(고프먼, 2013:142)을 의미한다. 이는 한중 양국이 동일한 현상에 대해 서로 다른 인식을 가진 채 지속적으로 상호작용하는 현상으로 비유될 수 있다. 한중 양 국민의 상대국에 대한 이미지 연구는 대표적으로 董向荣·王晓玲·李永春, '韩国人心目中的中国形象', 社会科学文献出版社, 2011년; 김도희·왕샤오링, '한중 문화 교류-현황과 함의 그리고 과제', 폴리테이아, 2015; 통일연구원, '중국인의 한국에 대한 인식조사', 외교부, 2017 등이 있다.

화 과정을 거쳐 형성된 지식구조를 의미한다. '중국과 대만의 한국학'이란 중국과 대만 지역에서 한국을 인식하기 위해 존재하는 관련 지적 활동과 그 결과물을 의미한다. 이를 위해 지식의 결정체라 할 수 있는 학술 문헌 속의 핵심 키워드(keyword)와 그 키워드들이 어떻게 상호 연결되어 있는지 그 구조를 파악하고자 한다(김용학 외, 2008). 본 연구는 이러한 키워드 간 상호연결망(구조)을 지식 지형도(Knowledge Map)[3]라 지칭하고자 한다.

본 연구의 목적은 중국과 대만 지역의 대표적 학술DB의 관련 문헌을 대상으로 한 지식 지형도 분석을 통해 중국과 대만 내 생산·확산된 한국학 지식 지형도를 파악하는 것이다. 더 나아가 그 이론적 함의를 논의하는 것이다. 지금까지 중국과 대만의 한국학 현황과 특징에 대한 논의가 진행된 바 있지만, 대부분 그 연구 대상과 범위가 연구자별, 분과학문별, 연도별과 같은 서지정보의 빈도 분석[4]에 머무르고 있기 때문에 중국과 대만의 한국에 대한 인식이 구체적으로 어떻게 형성되었고, 어떻게 변화하고 있는지에 대한 개념적, 이론적인 논의가 부족했다. 본 연구의 학술적, 현실적 의의는 아래와 같다.

우선 본 연구는 중국과 대만 지역의 한국학을 하나의 지식구조로 가정하고 그 구조를 파악하기 위한 관계적 속성 차원의 분석이다. 이러한 지식 지형도 파악을 통해 중국이 한국을 어떻게 바라보고 있는지에 대한 인식론적 차원의 실증적 데이터를 확보할 수 있다. 이 데이터

---

3) 지식 지형도(Knowledge Map)는 대량의 정보(information) 속에 숨겨진 특별한 형태(type)와 패턴(pattern)을 찾아 그 의미를 파악할 수 있도록 가시적인 형태의 결과를 보여주는 것이다(이광희, 2013).

4) 서지정보란 문헌 자료의 연도, 저자, 소속 기관, 학술지 등에 대한 것이다. 이러한 서지정보에 대한 빈도 분석을 통해 연도별, 저자별, 소속 기관별, 학술지별 문헌 자료 수에 대한 분포를 측정한다.

는 향후 한중 양국의 상호인식 비교 분석을 위한 기초자료로 활용될 수 있다.

현실적 측면에서 본 연구 결과는 한중 양국 관련 기관의 정책 연구와 평가를 위한 실증적 근거 자료로 활용될 수 있다. 특히 중국 정부의 정책 형성과 결정에 있어 한국학 지식의 영향력이 어떻게 작용, 반영되었는지에 대한 근거 자료로 활용될 수 있다. 한국학의 진흥과 세계화를 위한 관련 정책 집행 대상이 중국 내 특정 연구자 혹은 중점·거점 학술연구기관에 집중되었고, 그 분야 또한 특정 분야에 편중되어 분산적으로 진행되었다는 평가가 있다(이규태, 2010; 김중섭 외, 2012; 송현호, 2018). 본 연구를 바탕으로 중국과 대만 내 생산된 한국학 지식 지형도를 파악한 후 향후 그 생산과 확산의 주체가 누구인지, 그들의 역할과 특징이 무엇인지를 파악하기 위한 기초자료로 활용될 수 있다. 이는 향후 관련 정책 결정과 집행에 매우 실질적이고 구체적인 근거 자료로 활용될 수 있을 것이다.

제2절 연구 내용

1) 선행 연구 검토

중국과 대만 지역의 한국학 관련 연구 논문은 관련 학자들이 크게 어학 교육을 포함한 인문학 분야와 정치, 경제, 사회, 문화 등 사회과학 분야로 나뉘어 진행되었다.

대표적으로 徐迎迎(2013)은 중국의 한국학 교육 및 연구 현황에 대해 파악하고자 기존의 연구목록 문헌 및 검색사이트를 활용하여 문헌 자료를 수집 분석하였다. 그 연구 결과에 따르면 첫째, 중국의 한국학 교육과 연구는 양적 측면에서 뿐만 아니라 질적 측면에서도 괄목할 만한 발전을 이루었다. 둘째, 북경대학・연변대학・산동대학 등 일부를 제외하면 여전히 한국어 교육을 중심으로 운영하는 형태를 벗어나지 못하고 있다. 셋째, 한국학 연구의 주제는 한중 관계의 특성을 반영하여 경제 및 어학 중심의 연구가 이루어지고 있다. 마지막으로 이러한 분석 결과를 토대로 하여 한국학 발전을 위한 시사점을 제시하였다.

박동훈(2013)은 중국사회과학원의『당대한국』과 상해 푸단대학 한국연구센터가 발간하는『한국연구논총』두 학술지의 1996-2010년 15년간 게재된 한국 정치 관련 논문 분석을 통해 한중 수교 이후 중국학계의 한국학 연구가 어떠한 양적, 질적 변화를 가져왔는지 검토했고 향후 과제를 제안했다. 또한 문제점으로는 아래 몇 가지를 지적했다. 학자층이 두텁지 못하고, 학술지는 일정 정도 지역 편향성을 띠고 있다. 한반도 문제 및 한중 관계 문제에 대한 담론 위주의 논의가 주로 진행되었고, 개념적, 이론적 논의는 상대적으로 미약하다.

이 밖에도 분과학문으로서의 한국학과 지역학으로서의 한국학, 그리고 향후 한국학 발전 방향에 대한 논의도 진행되었다. 대표적으로 채미화(2007)는 중국에서의 한국학은 각 분과 학문의 총합을 의미하는 것이 일반적이지만 학문적 정체성은 크게 강조하지 않았다고 지적하고, 한국학 각 분과 학문의 융합을 통한 한국학의 정체성을 확립할 시점이라고 강조하면서 '동아시아 한국학' 개념을 제시했다. 張國強·鄭傑(2014)는 중한 수교 이전, 1949-1980년, 1980년대, 중한 수교 이후, 1990년대, 2000년대 각 시기별 중국 내 한국학 연구의 동향을 분석하고 향후 시사점을 도출했다. 이 연구는 중한 관계의 발전과 중국에서 한국어 교육의 발전을 고찰하면서 새로운 연구 동향을 밝히고자 했다.

한편, 연구 방법론적으로 기존의 내용 분석, 빈도 분석과 같은 연구 방법에서 벗어나 문헌계량학 데이터를 활용한 양적 연구도 진행되었다. 대표적으로 김윤태(2004)는 청말에서 1998년까지의 중국어로 출판된 한국 관련 논문 및 저서를 집대성한 자료집 '중한관계논저목록(中韓關係中文論著目錄)' 데이터를 대상으로 시기별(1979년 개혁개방 이전 시기, 1980-1992년 한중 수교 이전 시기, 1992-1999년 한중 수교 이후의 세 시기) 주요 연구 영역과 추세를 양적으로 분석하고 그 의미와 경향을 도출하였다.

肖霞・李忠輝(2012)는 문헌계량학 연구 방법을 이용하여, 1998년부터 2010년까지 CSSCI에 등재된 한국학 관련 논문의 인용 횟수, 중국학자와 외국학자의 공저논문 비율, 논문 저자의 소속 기관 지역 분포, 발표된 논문의 수가 가장 많은 10개 기관에 대한 지역별 분포 현황, 제1저자의 출신 지역별 분포 현황, 등재 학술지 수량 및 게재 논문의 수가 가장 많은 10개 학술지 등에 대해 분석했다. 이를 토대로 중국 내 한국학의 연구 현황 및 문제점에 대한 발전 방안을 제시했다.

Jing Hu(2016)[5]의 연구는 2011-2015년까지 중국인민대학 Selected Materials(復印報刊資料)에 게재된 200편의 한국학 연구 논문 데이터를 대상으로 과거 5년간 중국 내 한국학 연구 현황을 분석했다. 양적 평가는 학술지・저자・소속 정보를 통해 실시했으며, 질적 평가는 학술적 창의성・사회적 가치・논문 난이도 등의 지표 점수를 분석하고, 추출된 분석 결과를 데이터 시각화했다. 이를 통해 중국 내 한국학 연구 성과의 전반적인 발전 수준을 밝히고자 했다.

이상의 선행 연구를 통해 중국과 대만의 한국학 연구 및 교육 현황, 한국학 전반의 발전 추세 및 발전 방향 등에 대한 분석 결과를 확인할 수 있다. 하지만 중국과 대만의 한국학 연구자들이 실제로 한국을 어떻게 개념화하여 관련 지식을 생산・확산하고 있는지에 대한 논의가 거의 진행되지 못했다. 또한 양적분석 방법 역시 분과학문별 내용 분류,

---

5) 「동료 평가로 본 중국의 한국학 발전 현황 분석-Selected Materials 평가 데이터를 중심으로-」, 제8차 세계한국학대회(https://congress.aks.ac.kr) 발표 논문, 2017년.

논문 편수 등 빈도 분석 위주로 진행되었다.

본 연구는 이러한 선행 연구를 바탕으로 중국과 대만의 한국학 지식의 생산, 확산 구조를 분석하기 위해 경제·경영 분야의 한국 관련 문헌 데이터에 대한 전수 조사를 통한 분석을 진행하고자 한다. 즉 한국이 어떤 키워드로 개념화되었고 이런 키워드들이 어떻게 연결되어 그 구조가 형성되었는지 키워드 연결망 분석 및 원문 내용 분석을 진행하고자 한다(김용학, 2007; 손동원, 2008; John Scott, 2012; Wasserman&Faust, 2009).

2) 이론적 논의

지식 사회학의 거장 버거와 루크만(2014)은 특정한 정치, 사회문화적 환경 속에서 상호작용하는 사람들이 정보를 공유하여 생산한 사회적 지식이 하나의 실재로 구성되며 그리고 이 실재가 다시 그들의 판단, 행동 및 태도에 영향을 미치게 된다고 주장했다. 이러한 과정 속에서 특정 대상에 대한 인식이 형성된다. 인식은 개념화 과정을 통해 하나의 지식구조로 나타난다. 인식이란 신체 감각기관의 지각을 통해 얻어진 자료(데이터, 정보)들을 개념화하는 것을 말한다.

지식 지형도 파악의 기본 분석 단위는 키워드다. 문헌의 키워드는 필자들이 자신의 연구물에서 가장 중요하게 생각되는 핵심 개념을 사용하기 때문에 본문 내용을 매우 효과적으로 파악할 수 있다. 더 나아가 지식 지형도 분석은 키워드 간 연결과 그 동시 출현을 통해 형성되는 관계형 데이터 분석을 통해 키워드 차원에서 발견할 수 없었던 지식구조를 파악하고 그 의미를 해석하는 데 목적이 있다. 기존의 질적 내용 분석 방법이 연구자의 주관적 해석을 배제할 수 없고, 무엇보다 연구 분석 데이터가 매우 제한적이기 때문에 그 연구 해석을 일반화시키는 데 한계가 있다. 반면 키워드 연결망 분석은 연구자가 인위적인 분석 단위를 설정하지 않은 상태에서 전체 데이터에 대한 키워드 빈도와 그 키워드들의 동시 출현 분석을 통해 형성되는 패턴 혹은 구조를 파악하고 그 의미를 해석할 수 있다(박한우&Leydesdorff, 2004).

이처럼 키워드 연결망 분석은 '개별적 속성'(attribute)에서 '관계적 속성'(relatioanl property)으로 분석의 중심을 옮겨 연결성의 패턴 혹은 형태를 도출할 뿐만 아니라 그 구성 요소의 행위를 설명하고 이론화한다(김용학, 2007; John Scott, 2012).

에버렛 로저스(Rogers, 2003)는 개혁 확산(Diffusion of Innovations)이 하나의 보편적 사회 변화 과정이라 전제하고 개혁은 S형 곡선을 따르며 확산되는 경향이 있음을 발견하였다. 여기서 개혁 확산이란 한 개인이나 조직 단위가 새로운 것이라고 인식하는 아이디어, 관행, 사물 등이 어떤 채널을 통해서 시간의 경과에 따라 사회 내 구성원들 사이에 전파되는 과정을 의미한다. 전파는 혁신자(innovator), 얼리 어답터(Early Adopter), 초기 다수자(Early Majority), 후기 다수자(Late Majority), 지체자(Laggards) 등을 거치며 누적되며 확산된다. 특히 확산에 있어 오피니언 리더로서 조기 채택자의 역할이 매우 중요하다.

개혁의 확산처럼 특정한 키워드로 개념화된 지식은 특정 지역 내 시간의 흐름에 따라 'S형 곡선' 형태로 확산되는데, 이 가운데 오피니언 리더의 파악은 매우 중요하다. 여기서 'S형 곡선'은 연도별 발표 논문 빈도수가 종형의 정상분포 곡선을 띠고 이것이 시간의 경과에 따라 누적되어 형성된다. 본 연구는 중국과 대만 내 한국학 지식이 시간의 흐름에 따라 'S형 모델'에 따라 확산되는지 여부를 검증하고 그 오피니언 리더를 파악하고자 한다.

한편, 맥스 보이솥(Boisot, 1995; 1998)은 정보의 코드화(codification)와 확산(diffusion) 정도에 따라 네 가지 지식 유형을 도출했다. 코드화와 확산이 진행되지 않은 '개인적 지식'(Personal Knowledge), 코드화되었지만 확산되지 않은 '특정 지식'(Proprietary Knowledge), 코드화와 확산이 진행된 교과서나 신문과 같은 '집단적 지식'(Public Knowledge), 코드화되지 않았지만 모든 사람이 알 정도로 확산된 '상식'(Common Sense)으로 분류했다. 본 연구의 지식 지형도는 연구자 개인 차원의 개인적 지식이 확산되어 형성된 '특정 지식' 혹은 '집단적 지식'에 해당된다고 할 수 있다.

진관타오(金觀濤) 등(2010)은 중국 근현대사 키워드 연구를 통해 중국이 외래지식을 수용·전파하는 과정을 '선택적 수용'–'학습'–'중국식 재구성'이라는 세 단계로 구분 설명했다. 즉 외래 지식을 선택적으로 흡수하는 단계, 개방적으로 학습하면서 원래 의미에 근접하는 사상을 생산하는 단계, 학습한 외래 가치를 중국식으로 재구성하는 단계로 구분했다. 본 연구는 중국과 대만의 한국 지식구조가 어떻게 선택적 수용–학습–재구성의 3단계 과정을 거치는지 살펴보고자 한다.

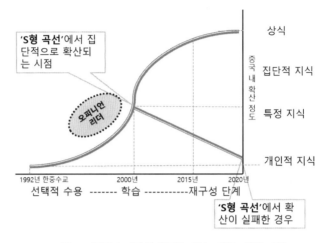

<그림 1> 중국과 대만의 한국학 지식 지형도 확산 모델

　이상의 논의를 종합해 도식화하면 위 그림과 같다. 한중 수교 이후 시간의 흐름에 따라 중국은 한국을 어떻게 인식하여 개념화했는지, 그리고 그 개념화된 지식이 어떻게 개인적 지식, 특정 지식을 거쳐 집단적 지식에 이르렀는지 살펴보고자 한다. 또한 그 과정에서 어떻게 선택적 수용-학습-재구성 단계를 거쳤는지 분석해 보고자 한다. 이를 통해 중국과 대만의 한국학 지식 확산 모델을 검증하고 이를 토대로 향후 한국학의 세계화를 실현하기 위한 정책 방안을 제시하고자 한다.

　본서의 구성은 아래와 같다. 1장에서는 연구 문제, 연구 내용, 연구 방법에 대해서 논의한다. 2장에서는 중국 지역의 거시·시기별·미시 지식 지형도 분석을 진행하고, 3장에서는 대만 지역의 거시·시기별·미시 지식 지형도 분석을 진행한다. 4장에서는 중국과 대만의 지식 지형도 비교 분석과 확산 모델에 대한 논의를 진행한다. 5장에서는 연구 결과를 종합하고 관련 정책 방안을 제시한다.

제3절 연구 방법

본 연구의 목적은 중국과 대만 지역의 한국학 지식 지형도 분석이다. 이를 위해 두 지역의 거시·시기별·미시 지식 지형도 세 가지로 구분해 분석을 진행한다. 여기서 거시 지식 지형도란 중국과 대만 지역의 해당 기간 전체의 지식구조를 의미한다. 시기별 지식 지형도란 거시 지식 지형도를 시기별로 구분한 지식구조를 의미한다. 미시 지식 지형도란 거시와 시기별 지식 지형도 가운데 핵심 주제 관련 지식구조를 의미한다.

본 연구는 두 지역의 대표적 학술DB에서 관련 문헌 데이터를 수집-정제-분석-결과 해석하는 4단계로 구분해 진행한다. 이를 도식화하면 아래와 같다.

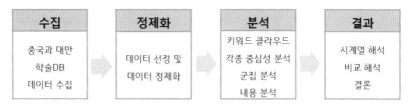

수집	정제화	분석	결과
중국과 대만 학술DB 데이터 수집	데이터 선정 및 데이터 정제화	키워드 클라우드 각종 중심성 분석 군집 분석 내용 분석	시계열 해석 비교 해석 결론

<그림 2> 연구 프레임 워크

1) 중국 지역의 학술DB

문헌 데이터 검색은 중국 CNKI(China National Knowledge Infrastructure, 中國知網)의 학술저널 데이터베이스 CAJD(China Academic Journal Network Publishing Database)를 이용했다. 이는 중국 내 또 다른 대표적 데이터베이스 완팡 데이터(WANFANG DATA)의 학술논문 데이터베이스 CSPD(China Science Periodical Database)보다 더 많은 데이터를 검색할 수 있었기 때문이다. CNKI 홈페이지 소개에 따르면, CAJD는 현재 중국 내 8,000여 종 학술지 5,500만 편의 논문 데이터를 제공하고 있다.

<그림 3> 중국 CNKI 검색화면과 검색조건

검색창 검색조건의 문헌 제목란에 중국어 간체자 '한국(韩国)', '남한 (南韩)', '대한민국(大韩民国)' 등의 키워드를 입력해서 관련 문헌을 검 색했다. 문헌 자료에는 저자, 소속기관, 저널 제목, 저널명, 발표 연도, 키워드, 초록 등의 내용이 포함되어 있으며, 내용 분석이 필요한 경우 논문 전체를 다운로드했다. 문헌 검색 기간은 관련 문헌의 최초 생성 시기를 파악하기 위해 별도의 제한을 두지 않았고 2020년까지의 문헌 까지만 분석 대상에 포함했다.[6] 학술DB의 문헌은 10개 분야로 구분되 어 있는데 그 중 경제·경영 분야에 해당하는 '경제·경영과학(经济与 管理科学)'을 선택해서 검색했다.[7]

2) 대만 지역의 학술DB

대만 지역의 문헌 데이터 검색은 대만국가도서관의 대만 정기간행물 색인 시스템(台湾期刊论文索引系统, PerioPath Index to Taiwan Periodical Literature System)을 이용했다.

---

6) 학술DB 검색은 2021년 6월 30일에 진행했다. 당시 2021년 논문 데이터는 완전히 업 로드되지 않았기 때문에 본 연구 분석에서 제외했다.

7) 경제·경영 과학 분야는 거시경제 관리와 지속가능성(宏观经济管理与可持续发展), 경 제이론 및 경제사상사(经济理论及经济思想史), 경제체제개혁(经济体制改革), 경제통계 (经济统计), 농업경제(农业经济), 산업경제(工业经济), 교통운송경제(交通运输经济), 기 업경제(企业经济), 관광(旅游), 문화경제(文化经济), 정보경제와 우편경제(信息经济与邮 政经济), 서비스업경제(服务业经济), 무역경제(贸易经济), 재정과 세수(财政与税收), 금 융(金融), 증권(证券), 보험(保险), 투자(投资), 회계(会计), 감사(审计), 시장연구와 정보 (市场研究与信息), 경영학(管理学), 리더십학과 의사결정학(领导学与决策学), 과학연구 관리(科学研究管理) 등 23개 하위 분야로 구성되어 있다.

<그림 4> 대만 논문색인시스템 검색화면과 검색조건

검색창 검색조건의 문헌 제목란에 중국어 번체자 '한국(韓國)', '남한 (南韓)', '대한민국(大韓民國)' 등의 키워드를 입력해서 관련 문헌을 검 색했다.[8] 문헌 검색 기간은 관련 문헌의 최초 생성 시기를 파악하기 위해 별도의 제한을 두지 않았고 2018년까지의 문헌까지만 분석 대상 에 포함했다.

대만 정기간행물 색인 시스템(台湾期刊论文索引系统, PerioPath Index to Taiwan Periodical Literature System)은 학문 분야별 분류, 저자 소속 기관, 피인용 횟수 데이터를 제공하지 않았다.[9] 따라서 문헌 서지정보

---

8) 학술DB 검색은 2017년 6월 30일에 진행했다.
9) 이는 필자가 대만국가도서관 DB 담당자와 몇 차례의 이메일 연락을 통해 확인한 사실 이다.

의 키워드 데이터 외 문헌 제목에서 경제·경영 분야 관련 키워드를
추가로 추출해 관련 분석을 진행했다. 피인용 횟수를 통한 오피니언 리
더 분석은 대만국가도서관 PIC(Periodical Information Center, 期刊論
文索引系統) 데이터베이스를 일부 활용했다.

3) 데이터 분석

(1) 계량 서지학적 분석

문헌의 기본 서지 사항(저자, 제목, 키워드, 소속 기관, 학술지, 발표
연도, 피인용 횟수, 연구기금 지원)에 연도별, 저자별, 문헌별, 소속 기
관별 등의 빈도 분석을 진행했다. 이를 바탕으로 다른 사람들의 태도나
행동에 영향을 행사할 수 있는 정도를 의미하는 한국학 지식 생산과 확
산의 '오피니언 리더'(opinion leadership)를 파악했다. 더 나아가 오피니
언 리더들의 소속 기관, 연구 주제, 출신 대학, 한국 유학 여부, 한중 공
동협업, 연구 기금 활용 등 개인적, 구조적 속성 파악을 통해 한국학 지
식의 확산과 진흥을 위한 정책 제안에 실증적 데이터로 활용하고자 했다.

(2) 키워드 연결망 분석[10]

본 연구는 문헌 서지정보의 저자 키워드를 기본 데이터로 활용하여
분석했다. 그 이유는 본인이 집필한 문헌에서 가장 중요하고 핵심적인
내용이라는 판단 하에 저자가 직접 선정하므로 문헌 전체 내용을 핵심
적으로 집약하기 때문이다. 저자 키워드가 결측되었거나 없는 경우 해

---

10) 키워드 간에 형성된 의미구조를 파악한다는 측면에서 의미 연결망 분석(Semantic
    Network Analysis)이라고도 지칭한다.

당 문헌 제목에서 핵심 키워드를 추출해 분석에 활용했다.[11]

워드 클라우드(Word Cloud)는 단어 중요성에 따른 글자 크기로 중요한 단어를 한눈에 파악할 수 있는 시각화 방법이다. 출현 빈도, 다른 단어와의 연결 혹은 매개 정도 등 단어 속성 정보에 따라 다양하게 도식화할 수 있다. 본 연구는 빈도 분석과 각종 중심성 분석 결과에 근거한 워드 클라우드 비교 분석을 통해 유의미한 결과를 도출하고자 했다.

본 연구는 한 키워드가 다른 키워드와의 연결 정도를 통해 전체 연결망의 구조를 파악하고, 시간의 흐름에 따라 그것이 어떠한 과정을 거쳐 지식구조를 형성하게 되는지 실증적으로 파악하기 위해 동시 출현 키워드 네트워크를 분석했다. 즉, 동일 문헌에서 특정 키워드가 얼마나 함께 출현했는지, 그 동시 출현 횟수를 키워드 간 관계 속성 데이터(링크 값)로 파악하여 분석하는 방법이다. 논문-키워드(2-mode) 데이터를 키워드-키워드(1-mode) 데이터로 전환하는 과정을 도식화하면 아래 그림과 같다.

논문명	저자 키워드			
논문 1	키워드 A	키워드 B	키워드 C	키워드 D
논문 2	키워드 A	키워드 C	키워드 E	키워드 G
논문 3	키워드 E	키워드 F	키워드 G	키워드 A
논문 4	키워드 C	키워드 F	키워드 J	키워드 K
논문 5	키워드 D	키워드 E	키워드 B	키워드 M

	논문 1	논문 2	논문 3	논문 4	논문 5
키워드 A	1	1	1		
키워드 B	1				1
키워드 C	1	1		1	
키워드 D	1				1
키워드 E		1	1		1
키워드 G		1	1		
키워드 F			1	1	
키워드 J				1	
키워드 K				1	
키워드 M					1

<그림 5> 2-mode에서 1-mode의 전환 예시

---

11) 본 연구는 관련 주제에 해당하는 문헌 전체 데이터를 대상으로 하는 일종의 빅데이터 분석으로 볼 수 있다. 빅데이터 분석은 그 데이터가 정제되지 않아 울퉁불퉁하더라도, 큰 데이터 사이즈를 통해서 전체적이고 거시적인 구조를 파악할 수 있다(쇤베르거 외, 2013). 이런 측면에서 본 연구는 데이터 사이즈를 확대할 수 있는 문헌 제목이나 초록에서 관련 데이터를 추출하는 방법을 활용했다.

Inner Product는 '키워드 A 등장 횟수 * 키워드 B 등장 횟수'의 합으로, 두 키워드가 동시에 등장한 횟수를 고려하여 유사성을 측정하게 된다.

예를 들어, Inner Product(키워드 A, 키워드 B)
=(1*1)+(1*0)+(1*0)+(0*0)+(0*1)=1

본 연구는 어떤 키워드가 동시 출현을 많이 했고, 그러한 키워드 간에 형성한 의미 구조는 무엇인지를 파악하는 것이다. 키워드 연결망 분석의 다양한 알고리즘 가운데 키워드 간 형성된 직접적인 관계에 기반한 Inner Product를 활용했다. 이는 두 키워드가 논문에 나타난 횟수를 0 이상의 정수로 나타나는 방법이다. Inner Product 방식으로 2-mode(논문-키워드)에서 1-mode(키워드-키워드)로 변환하면 아래와 같다.

	키워드 A	키워드 B	키워드 C	키워드 D	키워드 E	키워드 G	키워드 F	키워드 J	키워드 K	키워드 M
키워드 A	0	1	2	1	2	2	1	0	0	0
키워드 B	1	0	1	2	1	0	0	0	0	1
키워드 C	2	1	0	1	1	1	1	1	1	0
키워드 D	1	2	1	0	1	0	0	0	0	1
키워드 E	2	1	1	1	0	2	1	0	0	1
키워드 G	2	0	1	0	2	0	1	0	0	0
키워드 F	1	0	1	0	1	1	0	1	1	0
키워드 J	0	0	1	0	0	0	1	0	1	0
키워드 K	0	0	1	0	0	0	1	1	0	0
키워드 M	0	1	0	1	1	0	0	0	0	0

<그림 6> 키워드-키워드(1-mode) 네트워크 예시

이 외에도 유사도에 기반한 관계 값을 도출하는 방법으로 Jaccard Coefficient(두 키워드가 동시에 등장한 정도를 0-1 사이의 값으로 표

현), Cosine Similarity(두 키워드가 동시에 유사한 강도로 등장했는지를 0-1 사이의 값으로 표현), Pearson Correlation(두 키워드의 변화량이 유사한지를 -1-1 사이의 값으로 표현) 등이 있다.[12]

본 연구는 지식구조 분석을 위한 키워드 연결망 의미를 해석하는 데 그 목적이 있으므로 각종 중심성 분석을 진행했다. 중심성은 말 그대로 전체 연결망에서 중앙에 위치한 정도를 말하는 것으로, 한 노드에서 다른 노드와 얼마나 많이 연결되었는지 '연결 수'를 측정하는 연결 정도 중심성(Degree Centrality), 다른 노드와의 '인접성'을 측정하는 인접 중심성(Closeness Centrality), 한 노드가 다른 노드들 '사이에' 위치하는 정도를 측정하는 매개 중심성(Betweenness Centrality), 연결된 노드의 중요성에 가중치를 두는 위세 중심성(Eigenvector Centrality) 등이 있다 (김용학 외, 2016).

이 가운데 본 연구는 네트워크에서 많은 링크 수를 가지는 노드(키워드)를 파악하는 연결 정도 중심성을 중심으로 살펴보고 매개 중심성, 위세 중심성도 파악하여 비교 분석을 진행했다.

이와 동시에 키워드 간 상호 링크 수가 많은 키워드 그룹(군집) 파악을 통해 그 의미구조를 파악하고자 했다. 이를 위해 긴밀하게 연결되어 있는 응집 그룹을 추출하는 커뮤니티(Community) 분석을 진행했다. 또한 세 개 이상 동시 출현한 키워드 그룹(군집)을 도출하는 클릭(Clique) 분석을 진행했다. 커뮤니티 분석이 키워드 간 형성된 직접적인 관계가 아닌 유사도에 기반한 것이라면, 군집 분석은 키워드 간 강한 연결, 즉 직접적 연결이 있는 키워드 군집을 발견하는 것이다. 클릭은 세 개 이

---

12) 상세한 연구방법론은 사회네트워크 분석방법의 교과서로 불리는 Wasserman&Faust (2009)의 『Social Network Analysis: Methods and Applications』을 참고하면 된다.

상의 노드로 구성된 최대 완전 서브 그래프로 정의되는데, 즉 클릭 내 모든 노드가 다른 노드를 거치고 않고 직접 연결된 것을 의미한다(곽기영, 2017:289-290).

본 연구는 이러한 연결망 분석 프로그램으로 넷마이너(NetMiner)를 사용했다. 넷마이너는 사이람(주)에서 개발한 사회 연결망 분석 소프트웨어로 2001년 정식으로 발표되었고, UCINET과 KrackPlot의 장점을 통합시킨 프로그램으로 한글 처리가 완벽하게 된다는 점에서 국내 사용자들에게 적합한 프로그램이라 할 수 있다(김용학, 2007:140).

(3) 원문(Original Text) 내용 분석

키워드 간 연결 관계, 키워드 군집의 의미를 보다 구체적이고 맥락적으로 파악하기 위해 해당 키워드들이 포함된 문헌의 제목, 초록을 활용해 내용 분석을 진행했다.

<그림 7> 원문 내용 분석 예시

위 그림과 같이 키워드 네트워크 분석도의 특정 키워드를 지정(음영으로 표시)하면, 지정한 키워드가 포함된 모든 원 텍스트(Original Text)를 일목요연하게 파악할 수 있다. 이를 통해 키워드 간 연결로 형성된 지식구조의 의미를 보다 구체적이고 맥락적으로 파악할 수 있다.

이때 문헌 선정은 피인용 횟수가 높은 순으로 선택하는데, 이는 피인용 횟수가 지식의 확산 정도를 의미하기 때문이다. 이를 통해 해당 문헌의 주제와 내용이 시간의 흐름에 따라 어떻게 생산·확산되었는지 파악하고자 했다.

제2장

중국의 한국학
지식 지형도 분석

- 본 장에서는 중국 지역의 한국학 지식 지형도를 분석한다. 1991년에서 2020
  년까지의 전체적인 지식 지형도를 파악한다. 이러한 거시적 지식 지형도에 대한
  보다 구체적인 분석을 위한 연도별 키워드 분포 추이 분석을 통해 1992-1997년,
  1998-2004년, 2005-2009년, 2010-2020년의 네 시기별 지식 지형도 분석을
  진행한다. 또한 거시적·시기별 지식 지형도의 구체적 의미 파악을 위한 키워
  드별, 연도별 지식 지형도 분석을 진행한다.

제1절 중국의 한국학 거시 지식 지형도 I

제1절에서는 전체 문헌의 연도별, 키워드별, 기관별, 저자별 분포도를 중심으로 하는 중국의 한국학 거시 지식 지형도를 살펴본다. 1991년부터 2020년까지 총 12,258편의 문헌이 검색되었다. 1991년은 총 3편의 문헌[13])이 검색되었는데, 한중 수교 이전 시기이기 때문에 한국 경제 관련 소개나 일본, 대만과의 비교 연구가 시도되었음을 확인할 수 있다.

1992년부터 2020년까지의 연도별 분포도를 살펴보면 아래 그림과 같다. 전체 문헌은 중국 사회과학 인용색인 CSSCI(Chinese Social Sciences

---

13) 우선 중국 인민은행 소속의 徐宁江, 张评(人民银行山东省分行金融研究所, 人民银行山东省分行金融研究所) 두 필자가 아시아태평양 학술지(亚太经济)에 '한국금융 관치제도의 변혁(韩国金融管制的变革)'이라는 제목의 논문을 발표했다. 두 번째, 복건사회과학원 소속의 李鸿阶(福建社科院亚太所) 필자가 아시아태평양 학술지(亚太经济)에 '대만과 한국의 대외직접투자의 비교(台湾和韩国对外直接投资之比较)'라는 논문을 발표했다. 세 번째, 세계경제와 정치(世界经济与政治) 학술지에 '日本输给台湾、韩国和香港了吗?!'라는 제목의 기사가 발표되었다.

Citation Index), 핵심 저널(Core Journals), 전체 저널 세 가지로 구분했
으며, 그 가운데 CSSCI는 1,186편, 핵심 저널은 2,625편으로 나타났
다.[14)]

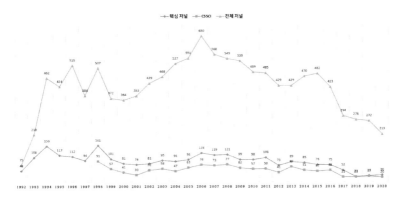

<그림 8> 중국의 한국학 논문 연도별 분포도(1992-2020년)

위 연도별 분포도를 살펴보면, 1992년 한중 수교를 기점으로 관련
연구가 급격히 증가하고 있음을 알 수 있다. 1994년부터 등락을 거듭
하다 1997년 아시아 외환위기를 시점으로 하락추세를 보이며 다소 주
춤한 후 2000년 이후 꾸준한 증가세를 보이고 있다. 2006년 최고 정점
을 기록한 후 점차 하락 국면을 보인다.

저자 키워드 결측 문헌을 제외한 11,943편에서 총 88,649개의 키워
드가 도출되었다. 문헌 1편당 평균 7개의 키워드가 제시된 것이다.
88,649개 키워드 빈도 분석 결과 36,828개의 키워드가 도출되었고, 이

---

14) CNKI 학술DB에는 엄밀한 의미에서의 연구 논문 학술지가 아닌 정보제공 목적의 학
   술 잡지도 포함되어 있기 때문에 세 부류로 구분했다. 다만, 학술 잡지의 경우도 저
   자 키워드가 제공되어 본 연구 분석에 모두 포함했다.

들 키워드 분포도를 보면 아래 그림과 같다. 소수의 키워드가 전체 상당수의 비율을 차지는 이른바 멱함수(power function) 분포를 띠고 있음을 확인할 수 있다. 텍스트에 등장하는 단어 출현 빈도와 그 분포를 측정하면, 출현 횟수가 미미한 대다수 단어와 출현 횟수가 극히 많은 소수의 단어가 존재하는 이른바 '부익부 빈익빈'의 통계적 패턴이 나타난다(Zipf, 1949; Newman, 2005). 아래 키워드 분포도의 추세선(점선)을 통해서 이러한 비대칭 패턴을 직관적으로 확인할 수 있다.

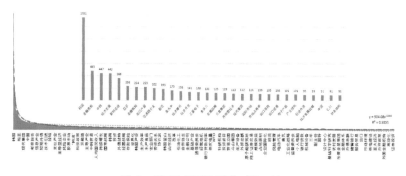

<그림 9> 중국의 한국학 전체 키워드 분포도

1992년부터 2020년까지의 키워드 빈도 분석 결과를 기반으로 상위 500위 키워드 클라우드를 도식화하면 아래와 같다. '한국(韓国)' 키워드가 가장 크게 나타나고, 다음으로 '금융위기(金融危机)', '새마을운동(新村运动)', '경제발전(经济发展)', '중한(中韩)' 등의 키워드 순으로 부각되고 있음을 확인할 수 있다.

<그림 10> 중국의 한국학 빈도 기반 상위 키워드 클라우드

아래의 상위 키워드 빈도 분석 결과를 자세히 살펴보면, '한국(韩国)' 이라는 키워드가 1,351개로 가장 많았고, '금융위기(金融危机)' 483개, '중한(中韩)' 447개, '경제발전(经济发展)' 442개, '새마을운동(新村运动)' 366개, '시사점(启示)' 236개, '금융기구(金融机构)' 224개, '수출제품(出口产品)' 223개 순으로 나타났다. 특이하게도 236개의 '시사점(启示)'이라는 키워드가 6위에 분포하고 있음을 확인할 수 있다.

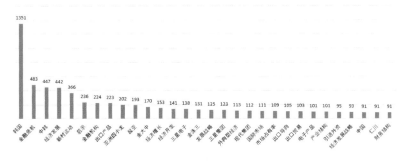

<그림 11> 중국의 한국학 상위 30위 키워드 분포도

아래 연도별 주요 키워드 분포 추이를 살펴보면, 크게 네 시기로 구분 가능함을 확인할 수 있다. 즉 매년 빈도수 순위에서 최상위 키워드, 두 번째 키워드 기준, 전년 대비 갑자기 많이 등장한 키워드를 중심으로 살펴보면 다음과 같다. 제1시기(굵은체 표시)는 1992년부터 1997년까지로 '경제발전(经济发展)'이라는 키워드가 최상위에 분포된다. 제2시기(굵은체 기울임 표시)는 1998년부터 2003년까지로 '금융위기(金融危机)'라는 키워드가 가장 부각된다. 제3시기(보통체 기울임 표시)는 2005

	1992년	1993년	1994년	1995년	1996년	1997년	1998년	1999년	2000년	2001년	2002년	2003년	2004년	2005년
1	中韩	**经济发展**	**经济发展**	**经济发展**	**经济发展**	**经济发展**	***金融危机***	***金融危机***	***金融危机***	***金融危机***	***金融危机***	韩国	韩国	韩国
2	**经济发展**	亚洲四小	金泳三	亚洲四小	亚洲四小	出口产品	金融机构	金大中	金大中	金大中	韩国	***金融危机***	中韩	中韩
3	经济开发	出口产品	亚洲四小	出口产品	出口产品	出口导向	财务结构	金融机构	韩国	**经济发展**	金大中	中韩	**经济发展**	***金融危机***
4	引进外资	外向型经	中韩	起亚	中韩	发展战略	起亚	**经济发展**	风险企业	韩国	**经济发展**	**经济发展**	***金融危机***	**经济发展**
5	出口商品	产业结构	出口产品	金泳三	金泳三	出口贸易	**经济发展**	财务结构	**经济发展**	出口产品	农林部	现代集团	农林部	*新村运动*
6	出口产品	金泳三	经济开发	发展战略	出口导向	亚洲四小	短期外债	韩国	现代集团	信息产业	出口产品	金融机构	金融机构	三星电子
7	外向型经济	引进外资	三星集团	中韩	劳动密集	中韩	企业破产	起亚	出口产品	汽车工业	市场占有	产业资源	三星电子	仁川
8	韩国对华投	经济开发	证券市场	电子产品	三星集团	汽车工业	金大中	中韩	金融机构	农林部	三星电子	金大中	产业资源	"韩流"
9	亚洲四小龙	新兴工业	外向型经	出口商品	外向型经	经济开发	亚洲四小	负债比率	农林部	内部交易	中韩	起亚	卡人	农林部
10	对外投资	经济增长	出口贸易	现代集团	新兴工业	经济发展	负债比率	短期外债	产业资源	金融机构	汉城市	启示	信用卡消	启示
11	金融体制	中韩	发展战略	三星集团	居第	引进外资	资本项目	亚洲四小	情报通信	风险企业	三星集团	韩资企业	经济合作	现代重工
12	第一个五年	对外投资	浦项	外向型经	国际市场	经济增长	金融体制	企业结构	电力公司	年经济增	汽车工业	亚洲四小	卢武铉	通信部
13	战略重点	进口替代	引进外资	经济开发	发展战略	金泳三	出口产品	中央银行	网上证券	产业资源	信息产业	财务结构	仁川	金融机构
14	新兴工业国	经济合作	出口商品	市场竞争	经济发展	金融机构	金泳三	经济改革	企业破产	中韩	起亚	副总裁	氨纶	起亚
15	年平均	出口导向	朝鲜半岛	国际市场	技术引进	产业结构	规模经济	多元化经	汽车工业	网上证券	国际市场	日至	金大中	经济增长
16	新兴工业国	资本市场	起亚	金宇	经济开发	韩国	资本总额	汉江奇迹	技术创新	国内市场	金融机构	世界经济	国际市场	出口产品
17	证券市场	增长速度	经济发展	三星电子	起亚	走向世界	自有资本	经验教训	起亚	情报通信	釜山港	纤维产业	信用卡公	产业政策
18	经济合作	工业部门	新兴工业	进口替代	汽车工业	出口商品	资本市场	经济起飞	国内生产	市场占有	韩国农业	国内生产	韩资企业	农户收入
19	劳动密集型	发展战略	金融机构	世界化	世界化	利用外资	亚洲金融	金泳三	宣告破产	引进外资	对华投资	市场占有	信息产业	出口贸易
20	经济起飞	出口贸易	现代集团	产业结构	经营哲学	劳动密集	经常项目	出口产品	企业竞争	电子金融	http	地区经济	出口产品	数字多媒

2006년	2007년	2008년	2009년	2010년	2011년	2012년	2013년	2014년	2015년	2016년	2017년	2018년	2019년	2020년
新村运动	韩国	韩国	韩国	韩国	韩国	韩国	韩国	韩国	韩国	韩国	韩国	韩国	韩国	韩国
韩国	*新村运动*	*新村运动*	*新村运动*	中韩	中韩	中韩	中韩	中韩	中韩	中韩	启示	启示	乡村振兴	乡村振兴
农村建设	新农村建	启示	***金融危机***	启示	启示	启示	启示	启示	启示	启示	中国	乡村振兴	启示	一带一路
社会主义	启示	***金融危机***	中韩	*新村运动*	*新村运动*	蔚山	**经济发展**	经济增长	数据显示	反倾销税	文在寅	中国	柬埔寨	韩国经验
中韩	中韩	新农村建	**经济发展**	电力公司	**经济发展**	中国馆	*新村运动*	"韩流"	韩联社	数据显示	韩国人	韩国电影	株式会社	*新村运动*
启示	社会主义	中韩	新农村建	***金融危机***	***金融危机***	*新村运动*	蔚山	市场占有	经济增长	出口产品	韩国市场	中小企业	LNG	经济合作
经济开发	***金融危机***	李明博	借鉴	经验	绿色增长	生产基地	数据显示	浦项	**经济发展**	中等收入	日本	*新村运动*	半导体产	韩国媒体
发展多种	三星电子	**经济发展**	启示	京畿道	储蓄银行	市场占有	首尔市	数据显示	*新村运动*	标签印刷	*新村运动*	"一带一路	*新村运动*	哈斯鳄梨
经济发展	农村建设	金融机构	工程机械	日至	挤兑风潮	中国	京畿道	徐建国	中国	印刷产业	文化产业	韩国化妆	文在寅政	新加坡
金融危机	**经济发展**	获奖企业	流行趋势	考察报告	蔚山	韩国釜山	韩联社	副总裁	仁川	起亚	中等收入	同比增长	制造业	中韩关系
建设新农	自主创新	全国质量	绿色增长	韩国釜山	经济增长	原浆	聚苯硫醚	起亚	自贸协定	市场占有	韩国港口	家电市场	长期护理	人工智能
新农村建	朝鲜半岛	通信部	日至	投入运行	首尔市	古井贡酒	PPS	三星电子	水产食品	韩进	反倾销调	株式会社	用户数	中国
市场占有	建设新农	中国	经验	韩国浦项	起亚	公共采购	起亚	基础设施	文化产业	收费标准	韩国化妆	反倾销税	中国	韩国电影
农村工业	农林部	企业文化	韩国企业	现代集团	仁川	电子采购	文化产业	FTA	核安全	金毅	入境旅游	商务部	科学技术	消费者
产业资源	加盟费	经济增长	中国	核电机组	可再生能	绿色增长	海外市场	韩联社	核电公司	环保压力	韩国经济	本土电影	韩国经验	启示
起亚	造船公司	经验	文化产业	绿色增长	智能电网	中等收入	仁川	首尔市	三星集团	筹备情况	APR-140	中等收入	水产品	"一带一路"
国内生产	电子产品	技术创新	电力公司	浦项	中国	纤维产业	日至	PRINT	现代重工	绿色印刷	税务机关	锦湖轮胎	文化产业	管理体制
农业政策	现代重工	日本	朝鲜日报	自主创新	战略合作	东大门	公司计划	韩国汽车	韩国品牌	PRINT	旅游需求	经验借鉴	人工智能	经验借鉴
工农业发	釜山港	首尔市	通信委员	蜂业	公司计划	战略合作	中国造船	现代重工	零关税	CHIC	化工产品	韩国经验	国际经验	科技人才政策
乡居民收	金大中	牛肉生产	世界经济	现代重工	东大门	其在	纺织企业	韩国浦项	运行许可	韩国品牌	石化协会	韩国人	韩国人	新北方政策

<그림 12> 중국의 한국학 키워드 분포 추이(1992-2020년)

년부터 2009년까지로 2004년부터 '경제발전(经济发展)', '금융위기(金融危机)' 키워드가 함께 분포되다 2005년부터 2009년까지 '새마을운동 (新村运动)'이라는 키워드가 가장 많이 분포된다. 제4시기(실선으로 박스 표시)는 2010년부터 2020년까지로 '한국(韩国)', '중한(中韩)', '시사점(启示)', '향촌건설(乡村建设)', '일대일로(一带一路)' 등의 키워드가 부각된다.

11,992편의 문헌 가운데 2,858종의 학술지가 도출되었으며, 발표 편수가 많은 상위 10위 문헌별 상위 분포도는 아래 표와 같다.

<표 1> 중국의 한국학 상위 10위 학술지 분포도(문헌별)

CSSCI		핵심 저널		전체 문헌	
东北亚论坛	74	世界农业	117	当代韩国	417
亚太经济	62	亚太经济	87	东北亚论坛	137
经济纵横	30	东北亚论坛	50	纺织服装周刊	136
科技管理研究	25	经济纵横	44	国外核新闻	135
国外社会科学	24	当代亚太	43	世界农业	132
国际经济合作	24	世界经济	39	世界热带农业信息	106
生产力研究	23	国际经济合作	39	全球科技经济瞭望	95
世界经济研究	23	外国经济与管理	37	亚太经济	87
世界经济	22	国外社会科学	36	招商周刊	80
当代亚太	19	科技管理研究	34	世界机电经贸信息	67

당대한국(当代韩国) 417편, 동북아논단(东北亚论) 137편, 섬유의류주간(纺织服装周刊) 136편, 국외핵신문(国外核新闻) 135편, 세계농업(世界农业) 132편 등의 순으로 나타났다. 이 가운데 엄밀한 의미에서의 학술논문 학술지가 아닌 정보제공 목적의 학술 잡지도 포함되어 있음을 확인할 수 있다. 학술DB에서 추출한 데이터이기 때문에 본 연구에서

는 그 정보를 그대로 활용했다. 다만 학술논문 학술지인 CSSCI와 핵심
저널로 구분했다. 동북아논단(东北亚论), 세계농업(世界农业), 아태경제
(亚太经济) 등의 학술지가 최상위에 분포되어 있음을 확인할 수 있다.
이들 주요 학술지의 영문명, 발행 기관, 발행 연도, 발행 기간 등의 관
련 정보를 표로 정리하면 아래와 같다.

<표 2> 중국의 한국학 상위 학술지 분포도

순위	학술지명(중문)	영문	창간 시기	발행 주기	발행 기관
1	当代韩国	Contemporary Korea	1993년	계간	社会科学文献出版社
2	东北亚论坛	Northeast Asia Forum	1992년	격월간	吉林大学
3	国外核新闻	Foreign Nuclear News	1980년	월간	中国核科技信息与经济研究院
4	世界农业	World Agriculture	1979년	월간	中国农业出版社
5	纺织服装周刊	Textile Apparel Weekly	1999년	주간	中国纺织工业协会
6	世界热带农业信息	World Tropical Agriculture Information	1963년	월간	中国热带农业科学院
7	亚太经济	Asia-pacific Economic Review	1984년	격월간	福建社会科学院
8	商周刊	Business Weekly	2001년	격주간	青岛出版社
9	全球科技经济瞭望	Global Science,Technology and Economy Outlook	1986년	월간	中国科学技术信息研究所;科学技术文献出版社
10	进出口经理人	Imp-Exp Executive	1988년	월간	机械工业信息研究院

문헌 서지정보를 바탕으로 발표 편수가 많은 상위 10위 저자들을 분석하면 아래 표와 같다. 저자 관련 정보는 CNKI 학술DB의 'CNKI학자(学者)' 검색란을 통해 조사했으며, 이들이 발표한 논문들의 주요 키워드 정보도 파악했다.

<표 3> 중국의 한국학 상위 10위 저자별 분포도(저널별)

CSSCI		핵심 저널		전체 저널	
吴莲姬	14	吴莲姬	14	伍浩松	47
金钟范	13	金钟范	11	吴莲姬	38
张慧智	8	金英姬	10	钱伯章	33
李天国	6	高浩荣	9	詹小洪	27
朴英爱	6	马常娥	9	本刊编辑部	27
黄隽	5	张慧智	8	李水山	23
刘洪钟	5	李水山	8	庞晓华	18
张玉山	5	闻岳春	8	金钟范	18
金英姬	5	张涛	7	金英姬	18
曹玲	4	王祝堂	7	新馨	16

오호송(伍浩松) 47편, 오연희(吴莲姬) 38편, 전백장(钱伯章) 33편, 첨소홍(詹小洪) 27편, 이수산(李水山) 23편, 방효화(庞晓华) 18편, 김종범(金钟范) 18편, 김영희(金英姬) 18편, 신형(新馨) 16편 순으로 나타났다. 이들의 소속과 연구 분야, 그리고 관심 키워드를 정리해 보면 아래 표와 같다.

<표 4> 중국의 한국학 상위 저자 소속 기관과 연구 분야

	성명	소속	연구 분야(관심 키워드)
1	伍浩松	中国核科技信息与经济研究院	核科学技术; 工业经济; 电力工业(经济性影响因素)
2	吴莲姬	中国社会科学院	한국 논문을 중국어로 번역소개
3	詹小洪	中国社会科学院经济研究所	经济体制改革; 金融(中韩贸易, 韩中经济关系)
4	钱伯章	上海高桥石油化工公司	工业经济; 石油化工(技术进展); WTO
5	李水山	中国教育科学研究院	农业经济(新村运动, 社会主义新农村建设)
6	庞晓华	炼油技术与工程	기자
7	金钟范	上海财经大学	宏观经济管理与可持续发展; 经济体制改革;农业经济
8	孙红芹	江苏省盐城市人民政府	공무원
9	金英姬	中国社会科学院亚洲太平洋研究所	金融; 企业经济; 金融危机; 新村运动
10	高浩荣	全球科技经济瞭望	기자

중국 핵과학 기술정보&경제연구원(中国核科技信息与经济研究院)에 소속된 오호송(伍浩松)은 산업경제, 전력산업, 핵과학기술 등을 연구했다. 중국사회과학원(中国社会科学院) 소속의 오연희(吴莲姬)는 1년간 한국 방문학자 경험이 있으며, 한국학자의 한국어 논문을 엄선해서 중국 학술지에 주로 발표 소개했다. 마찬가지로 한국 방문학자 경험이 있는 중국사회과학원(中国社会科学院) 경제연구소 소속의 첨소홍(詹小洪)은 중국의 경제체제 개혁, 금융을 연구하면서 한중 경제 관계, 무역 관계 관련 연구를 진행했다.

이 외에 중국교육과학연구원(中国教育科学研究院) 소속의 이수산(李水山)은 농업경제를 연구하면서 한국의 새마을운동, 중국의 사회주의 신농촌건설 연구를 진행했다. 상해재경제학(上海财经大学) 소속의 김종범(金钟范)은 경제체제 개혁과 농업경제를 연구했다. 한국에서 박사학위를 취득한 중국사회과학원(中国社会科学院) 아태(아시아태평양)연구소 소속의 김영희(金英姫)는 아시아, 특히 한국의 금융과 기업경제를 연구했다.[15]

다음으로 문헌 서지정보를 바탕으로 발표 편수가 많은 저자의 소속 기관을 분석했다. 상위 10위 기관별 분포도는 아래와 같다. 전체 저널의 경우 복단대학(复旦大学)이 119편으로 가장 많았고, 다음으로 길림대학(吉林大学) 113편, 중국인민대학(中国人民大学) 111편, 연변대학(延边大学) 81편, 북경대학(北京大学) 64편, 요녕대학(辽宁大学) 52편, 산동대학(山东大学) 52편 순으로 나타났다.

<표 5> 중국의 한국학 기관별 상위 10위 분포도(저널별)

전체 저널		핵심 저널		CSSCI	
复旦大学	119	复旦大学	59	吉林大学	55
吉林大学	113	吉林大学	57	中国人民大学	44
中国人民大学	111	中国人民大学	55	复旦大学	41
延边大学	81	北京大学	31	南开大学	32
北京大学	64	清华大学	29	北京大学	23
辽宁大学	52	南开大学	28	山东大学	23
山东大学	52	山东大学	27	清华大学	22
南开大学	52	浙江大学	26	上海财经大学	19
东北财经大学	52	上海财经大学	25	南京大学	17
浙江大学	51	南京大学	24	厦门大学	16

핵심 저널의 경우도 복단대학(复旦大学)이 59편으로 가장 많았고, 다음으로 길림대학(吉林大学) 57편, 중국인민대학(中国人民大学) 55편

---

15) 이들 세 명은 모두 조선족 연구자로 추정된다. 보다 상세한 분석은 중국의 한국학 오피니언 리더 부분을 참고하면 된다.

순으로 나타났다. CSSCI의 경우, 길림대학(吉林大学) 55편, 중국인민대학(中国人民大学) 44편, 복단대학(复旦大学) 41편 순으로 나타났다. 하지만 편수에서 그렇게 큰 편차가 없음을 확인할 수 있다. 이들 주요 기관의 간략한 소개를 살펴보면 아래 표와 같다.

<표 6> 중국의 한국학 주요 기관 소개

순위	대학명	영문	설립 연도	지역
1	复旦大学	Fudan University	1905년	상해
2	吉林大学	Jilin University	1946년	길림성 장춘
3	延边大学	Yanbian University	1949년	연변
4	中国人民大学	Renmin University	1937년	북경
5	浙江大学	Zhejiang University	1897년	절강성 항주
6	清华大学	Tsinghua University	1911년	북경
7	北京大学	Peking University	1898년	북경
8	南开大学	Nankai University,	1919년	천진
9	山东大学	Shandong University	1901년	산동성 제남
10	南京大学	Nanjing University	1902년	강소성 남경

주요 기관별 지식구조를 분석한 결과 기관의 소재 지역에 따라 상이한 연구 성향이 확인되었다. 특히 전체 저널에서만 상위 분포되었던 연변대학(延边大学)과 요녕대학(辽宁大学) 가운데, 연변대학의 관련 분석을 진행했다. 각 기관별 연결 중심성 지수 기반 주요 키워드 클라우드를 도식화하면 아래와 같다. 상단 왼쪽(복단대), 상단 오른쪽(길림대), 하단 왼쪽(연변대), 하단 오른쪽(인민대) 순이다.

<그림 13> 기관별 주요 키워드 클라우드 비교도

기관별 주요 키워드를 좀 더 명확히 비교하기 위해서 기관별 키워드 연결 중심성 지수 분포도를 도출했다.

<표 7> 기관별 상위 키워드 연결 중심성 값 분포도

复旦大学		吉林大学		延边大学		人民大学	
韩国	0.163772	韩国	0.327586	韩国	0.273077	韩国	0.196891
引进外资	0.074442	韩国经济	0.060345	启示	0.096154	启示	0.03886
韩国经济	0.059553	重化工业化	0.04023	韩国企业	0.05	国民经济	0.036269
金融自由化	0.052109	主要经济指標	0.037356	中国	0.046154	出口导向战略	0.036269
韩国政府	0.049628	外债规模	0.034483	金泳三	0.038462	墨西哥	0.036269
工业化	0.037221	物价上涨	0.034483	中韩FTA	0.038462	银行业	0.036269
金融业	0.034739	直接规制	0.034483	绩效	0.038462	基础设施	0.033679
外汇管制	0.032258	政府替代	0.034483	政府主导型市场经济	0.034615	中心-外围	0.033679
银行法	0.032258	韩国产业银行	0.034483	外汇储备	0.034615	劳动密集型	0.033679

위의 표를 통해서 보면, 중국의 수도 북경(北京)에 위치한 인민대학 (人民大学)의 경우 '국민경제(国民经济)', '수출주도형 전략(出口导向战

略)’ 등의 키워드가 상위에 분포되어 있다. 국제금융도시 중국 상해(上海)에 위치한 복단대학(复旦大学)의 경우 ‘외자유치(引进外资)’, ‘금융자유화(金融自由化)’ 등의 키워드가 상위에 분포되어 있다. 중국 중공업의 주요 요충지 중 한 곳인 장춘(长春)에 위치한 길림대학(吉林大学)의 경우 ‘한국경제(韩国经济)’, ‘중공업화(重化工业化)’ 키워드가 상위에 분포되어 있다. 연변조선족자치주 연길(延吉)에 위치한 연변대학(延边大学)의 경우 ‘한국기업(韩国企业)’, ‘김영삼(金泳三)’, ‘한중FTA(中韩FTA)’ 등의 키워드가 상위에 분포되어 있다. 이처럼, 기관이 위치한 지역에 따라 상이한 키워드 분포와 연구 성향이 있음을 확인할 수 있다.

제2절 중국의 한국학 거시 지식 지형도 Ⅱ

본 절에서는 전체 지식구조 파악을 위한 키워드 연결망 분석을 진행한다. 12,258편 문헌 가운데 저자 키워드 결측 저널을 제외한 11,943편에서 총 88,649개의 키워드가 도출되었다. 전체 키워드 빈도 분석을 통해 36,828개의 키워드가 도출되었다. 또한 유사도 지표 측정 방법 중 하나인 'Inner product'를 활용해서 2-mode(논문-키워드) 네트워크에서 1-mode(키워드-키워드) 네트워크로 변환했고, 총 305,856쌍의 동시 출현 키워드와 611,712개의 링크가 도출되었다. 키워드 분포도, 링크 분포도를 살펴보면 모두 '빈익빈 부익부'의 멱함수 분포를 보였다.

아래는 연결 중심성, 매개 중심성, 위세 중심성 값을 기반으로 상위 500위 키워드 클라우드를 도출한 것이다. 상위 500위 빈도 분석 키워드 클라우드와 비교했을 때 상이한 분포를 보이고 있음을 확인할 수 있다.

<그림 14> 중국의 한국학 연결 중심성 기반 키워드 클라우드

'한국(韩国)' 키워드가 가장 크게 표시된 빈도 기반 키워드 클라우드
와 달리, 위의 연결 중심성 기반 키워드 클라우드를 보면, '한국(韩国)'
키워드 크기가 줄고 연결 정도가 높은 '금융위기(金融危机)', '경제발전
(经济发展)', '새마을운동(新村运动)' 키워드 크기 순으로 표시되고 있
음을 확인할 수 있다.

<그림 15> 중국의 한국학 매개 중심성 기반 키워드 클라우드

다른 키워드 사이에서 매개 정도를 나타내는 매개 중심성 기반 클라우드를 살펴보면, 연결 중심성 기반 클라우드와 다소 차이가 있음을 확인할 수 있다. 즉 '금융위기(金融危机)', '경제발전(经济发展)' 키워드에 비해 '새마을운동(新村运动)' 키워드가 상대적으로 작게 표시됨을 확인할 수 있다.

<그림 16> 중국의 한국학 위세 중심성 기반 키워드 클라우드

위세 중심성 기반 클라우드는 이상의 연결 중심성, 매개 중심성 기반 클라우드와 많은 차이를 보이고 있음을 확인할 수 있다. '한국(韩国)', '새마을운동(新村运动)', '시사점(启示)'이라는 키워드가 가장 크게 표시되었다.

이상의 중심성 기반 상위 500위 키워드 클라우드의 의미 해석은 거시, 시기별, 미시 지식 지형도 분석을 통해 보다 상세한 분석을 진행할 것이다. 지식 지형도를 살펴보기 위해서는 키워드 간 동시 출현 횟수, 즉 관계 속성 데이터를 분석해야 한다. 동시 출현 횟수가 많은 상위 키워드 간 어떤 관계가 형성되어 있는지를 통해 중국의 한국학 전체 지식 지형도를 파악하는 것이다. 연결망 분석 프로그램을 통해 키워드 간 상호 연결(링크) 수가 많은 순으로 그 상위 분포도를 분석해 보면 아래 표와 같다.

<표 8> 중국의 한국학 상위 키워드 동시 출현 분포도

	키워드 1	키워드 2	횟수
1	韩国	启示	127
2	金融机构	金融危机	85
3	韩国	中国	75
4	新村运动	韩国	64
5	新村运动	农村建设	58
6	韩国	日本	58
7	新村运动	社会主义新农村	52
8	金大中	金融危机	52
9	经济发展	亚洲四小龙	49
10	新村运动	新农村建设	48
11	经济发展	金融危机	42
12	韩国	经验	42
13	起亚	韩国汽车	36
14	新村运动	建设新农村	35
15	短期外债	金融危机	34
16	经济发展	出口产品	33
17	新村运动	发展多种经营	33
18	经济发展	外向型经济	31
19	出口导向	出口产品	31
20	新村运动	启示	31

위의 상위 20위 동시 출현 횟수 분포도를 살펴보면, '한국(韩国)-시사점(启示)' 127회로 최상위에 분포되었고, 다음으로 '금융기구(金融机

构)-금융위기(金融危机)' 85회, '한국(韩国)-중국(中国)' 75회, '새마을 운동(新村运动)-한국(韩国)' 64회, '새마을운동(新村运动)-사회주의신농 촌(社会主义新农村) 52회 등의 순으로 나타났다.

개별 키워드 빈도수라는 개별 속성과 키워드 동시 출현이라는 관계 속성이 일치하지 않음을 확인할 수 있다. 다시 말해 하나의 개념 키워드로는 많이 등장했지만, 동시 출현 횟수는 그만큼 많지 않다는 것이다. 예를 들어 '한국(韩国)'이라는 키워드는 총 1,351회 등장했지만, '한국(韩国)'과 '시사점(启示)'이라는 키워드의 동시 출현 횟수는 127회다. 특히 주목할 부분은 개별 키워드 빈도수에서 상위 6위에 분포되었던 '시사점(启示)'이라는 키워드가 동시 출현 횟수 분포에서는 1위에 분포되어 있다는 점이다.

이와 같은 키워드 간 동시 출현 횟수 분포도를 통해 중국이 한국의 '금융위기', '경제발전', '새마을운동' 등의 '경험'을 '시사점'으로 삼아 중국에 적용하려는 연구가 매우 활발히 진행되었음을 유추할 수 있다. 특히 한국의 '새마을운동'과 중국의 '사회주의 신농촌 건설'에 대한 연구 역시 활발히 진행되었음을 유추할 수 있다. 이상의 키워드 동시 출현 횟수라는 관계적 속성 데이터를 통한 의미 유추는 아래 상위 키워드 연결망 분석과 도식화를 통해서 더욱 더 명확히 확인할 수 있다. 링크 수 상위 3%에 해당하는 키워드 연결망 분석도는 아래와 같다.

본 연구는 1992년에서 2020년까지 형성된 중국의 한국학 거시적 지식 지형도를 파악하는 데 그 첫 번째 목적이 있다. 따라서 전체 키워드 가운데 키워드 간 링크 수가 많은 키워드의 지식구조를 분석하기 위해 '링크 리덕션'(link reduction) 기능을 활용했다. 즉 링크 수가 많지 않은 키워드의 링크 수를 줄여 나갔고, 그 결과 상위 3%(동시 출현 횟수 17

회 이상) 키워드 링크 수로 설정하는 것이 전체 키워드 연결망을 가장 명확히 도식화할 수 있었다.

<그림 17> 중국의 한국학 상위 키워드 연결망 분석도

위 그림은 연결 정도 중심성 값을 토대로 작성된 상위 키워드 연결망 분석도다. 따라서 원의 크기와 개별 키워드 빈도수가 일치하지 않음을 확인할 수 있다. 즉 빈도수가 아닌 연결 정도가 높은 키워드가 큰 원으로 표시된다. 이를 통해 연결 정도가 가장 높은 키워드가 '경제발전(经济发展)', '금융위기(金融危机)', '새마을운동(新村运动)', '한국(韩国)', '중한(中韩)' 등임을 확인할 수 있다.

또한 이들 키워드 간 동시 출현 횟수가 많을수록 그 연결선이 굵게 표시된다. 키워드 간 링크 수는 키워드 관계 속성 값으로 동시 출현 횟수를 의미한다. 예를 들면, 그 연결선이 가장 굵게 표시된 것은 '한국(韓国)'과 '시사점(启示)'이라는 키워드로 127회 동시 출현한 것이다. 다음으로 '금융기구(金融机构)'와 '금융위기(金融危机)' 키워드 간 동시 출현 횟수는 85회임을 확인할 수 있다.

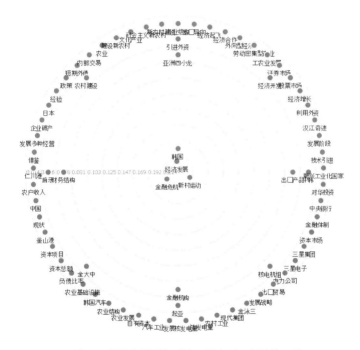

<그림 18> 중국의 한국학 키워드 연결 정도 중심성 도식

위 그림은 연결 정도 중심성 값을 토대로 상위 키워드를 원형으로 도식화한 것이다. 연결 정도 중심성 값이 높을수록 원의 중심에 위치한다. 이를 통해 '한국(韓国)', '경제발전(经济发展)', '금융위기(金融危机)', '새마을운동(新村运动)' 키워드가 가장 중심부에 위치하고 있음을 확인

할 수 있다. 다음으로 '수출상품(出口商品)', '금융기구(金融机构)', '중한(中韩)' 순으로 중심성 값이 도출된 것을 확인할 수 있는데 이는 경제발전, 금융위기, 한국 등의 키워드가 그만큼 다른 키워드와의 연결정도가 높다는 것을 의미한다. 즉 한국의 경제발전, 금융위기와 금융기관, 새마을운동 등의 주제 관련 지식이 많이 생산되었음을 의미한다.

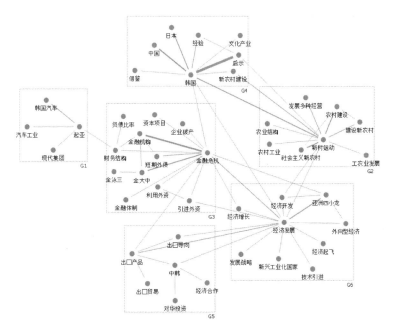

<그림 19> 중국의 한국학 상위 키워드 커뮤니티 분석도

이상의 주제들에 대한 보다 구체적인 지식구조 분석과 그 의미 도출을 위해 키워드 커뮤니티 분석을 진행했다. 즉, 이상의 키워드 간 상호 밀접하게 연결돼 그 의미구조를 형성하고 있는 키워드 군집을 파악하는 것이다. 아래 키워드 군집 분포도를 살펴보면, 크게 여섯 개의 키워

드 군집으로 구분할 수 있다.

<표 9> 중국의 한국학 상위 키워드 군집 분포도

G(그룹)	키워드 군집
G1	现代集团, 汽车工业, 起亚, 韩国汽车
G2	工农业发展, 新村运动, 农村工业, 农业结构, 发展多种经营, 建设新农村, 农村建设, 社会主义新农村
G3	引进外资, 利用外资, 金融体制, 金融机构, 金泳三, 财务结构
G4	韩国, 中国, 借鉴, 日本, 启示, 经验, 文化产业, 新农村建设
G5	出口导向, 经济合作, 中韩, 出口产品, 对华投资, 出口贸易
G6	经济发展, 亚洲四小龙, 经济起飞, 外向型经济, 经济增长, 经济开发, 技术引进, 新兴工业化国家, 发展战略

그룹 1(G1)은 '현대그룹(现代集团)', '자동차산업(汽车工业)', '기아(起亚)', '한국자동차(韩国汽车)'의 키워드로 구성된 군집이다. 한국 자동차 산업과 그 대표적 기업인 현대와 기아 관련 지식구조를 형성하고 있음을 확인할 수 있다.

그룹 2(G2)는 '농공업발전(工农业发展)', '새마을운동(新村运动)', '농촌산업(农村工业)', '농업구조(农业结构)', '다각경영발전(发展多种经营)', '신농촌건설(建设新农村)', '농촌건설(农村建设)', '사회주의신농촌(社会主义新农村)'의 키워드로 구성된 군집이다. 한국의 새마을운동을 통한 신 농촌 건설을 농공업 발전으로 평가하고, 이들의 농업 구조, 농촌 산업, 다각 경영 발전 등에 대해 분석하고 있다. 이를 사회주의 신 농촌으로 연계하는 지식구조를 확인할 수 있다.

그룹 3(G3)은 '외자도입(引进外资)', '외자이용(利用外资)', '금융체제(金融体制)', '금융기구(金融机构)', '김영상(金泳三)', '재무구조(财务结

构)'의 키워드로 구성된 군집이다. 김영삼 정권 시기 한국의 외자도입과 그 활용, 금융기구와 금융체제 그리고 재무구조에 대한 지식구조를 확인할 수 있다.

그룹 4(G4)는 '한국(韩国)', '중국(中国)', '본보기(借鉴)', '일본(日本)', '시사점(启示)', '경험(经验)', '문화산업(文化产业)', '신농촌건설(新农村建设)'의 키워드로 구성된 군집이다. 한국의 농촌 건설과 문화산업 경험, 일본의 경험을 본보기로 삼아 중국에 대한 시사점을 도출하는 지식구조를 확인할 수 있다.

그룹 5(G5)는 '수출지향(出口导向)', '경제협력(经济合作)', '중한(中韩)', '수출상품(出口产品)', '대중국 투자(对华投资)', '수출무역(出口贸易)'의 키워드로 구성된 군집이다. 한중 경제협력과 대중국투자, 수출상품과 수출무역에 대한 지식구조를 확인할 수 있다.

그룹 6(G6)은 '경제발전(经济发展)', '아시아 네 마리 용(亚洲四小龙)', '경제도약(经济起飞)', '외향형경제(外向型经济)', '경제성장(经济增长)', '경제개발(经济开发)', '기술도입(技术引进)', '신흥공업국가(新兴工业化国家)', '발전전략(发展战略)'의 키워드로 구성된 군집이다. 아시아 네 마리 용에 해당하는 신흥 공업 국가의 경제 도약과 경제 성장을 주도한 수출주도형 경제, 기술 도입 등 관련 발전 전략에 대한 지식구조를 확인할 수 있다.

이상의 분석 결과를 종합해 보면, 크게 아래 세 가지의 지식구조와 그 의미를 도출할 수 있다. 첫 번째, 한국의 새마을운동 경험을 시사점으로 삼아 사회주의 신 농촌 건설을 추진하는 내용이다. 두 번째로, 한국이 대외 지향형, 노동 집약형 수출 산업으로 경제 발전을 이루었다는 내용이다. 세 번째로, 한국 경제 발전 과정에서 외자도입으로 금융기관의 금융위기를 맞이했다는 내용이다.

한편 앞서 개별 키워드, 동시 출현 키워드 분포도에서 '시사점(啓示)'이라는 키워드가 상당히 높은 순위에 분포되었다는 사실을 언급했었다. 본 연구는 위의 세 가지 지식구조 형성에 있어 '시사점'이라는 키워드가 중국의 한국학 지식 생산과 확산에 있어 매우 중요한 역할을 하고 있음을 확인할 수 있었다. 또한 이 부분이 지금까지 왜 중국 학자의 학술논문이 정책보고서, 심층 언론 보도와 같다는 평가를 받았는지와 깊은 연관이 있을 수 있다는 추론이 가능하다. 특히 이는 한국의 새마을운동 경험을 시사점으로 삼아 중국의 사회주의 신 농촌 건설을 추진한다는 지식구조 형성과 그 확산을 통해서 더욱 더 명확히 파악할 수 있다.[16] 위의 상위 키워드 연결망 분석도를 보면 '새마을운동(新村运动)-한국(韩国)-시사점(启示)'이라는 지식구조가 '사회주의 신 농촌(社会主义新农村)'이라는 키워드와 링크되어 있음을 확인할 수 있다. 본 연구의 이러한 추론은 아래 2006년의 650편에 대한 연도별 키워드 연결망 분석을 통해 보다 자세하게 확인할 수 있다.

---

16) 본 절은 중국의 한국학 지식 지형도 연구를 통한 1992년~2020년의 전체적 지식구조 파악과 그 함의를 논의 하는데 그 목적이 있으므로 보다 상세한 지식구조 분석은 제4절에서 논의할 것이다.

제3절 중국의 한국학 시기별 지식 지형도

본 절에서는 중국의 한국학 시기별 지식 지형도를 아래의 네 시기로 구분해 살펴본다. 연도별 키워드 분포 추이(1992–2020년)를 통해 살펴보았듯이, 1992년부터 1997년까지는 '경제발전(经济发展)'이라는 키워드가 최상위에 분포되었다. 1998년부터 2003년까지는 '금융위기(金融危机)'라는 키워드가 가장 부각되었다. 2004년부터 '경제발전(经济发展)', '금융위기(金融危机)' 키워드가 함께 분포되다 2005년부터 2009년까지 '새마을운동(新村运动)'이라는 키워드가 가장 최상위에 분포되었다. 2010년부터 2020년까지는 '한국(韩国)', '중한(中韩)', '시사점(启示)', '향촌건설(乡村建设)', '일대일로(一带一路)' 등의 키워드가 최상위에 분포되었다.

이상의 네 시기별 주요 키워드 간 연결망을 도식화하면 아래와 같다.

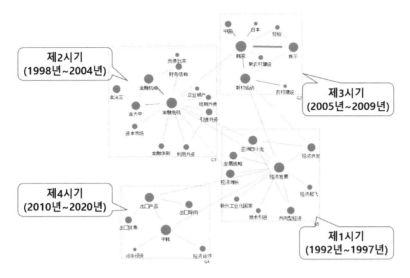

제2시기
(1998년~2004년)

제3시기
(2005년~2009년)

제4시기
(2010년~2020년)

제1시기
(1992년~1997년)

<그림 20> 중국의 한국학 시기별 연결망 분석도(제1-제4시기)

본 연구는 1992년부터 1997년까지 제1시기, 1998년부터 2004년까지 제2시기, 2005년부터 2009년까지 제3시기, 2010년부터 2020년까지 제4시기로 각각 명명하였다.

1. 제1시기: 1992-1997년 지식 지형도

2,045편 논문의 총 9,241개 키워드 분포도와 상위 20위 키워드 분포도를 도식화하면 아래와 같다.

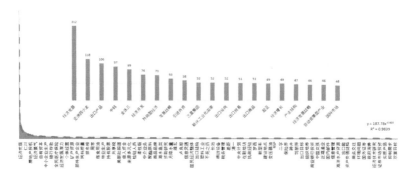

<그림 21> 1992-1997년 전체 키워드 분포도

위의 키워드 분포도를 살펴보면, '경제발전(经济发展)' 212회, '아시아 네 마리 용(亚洲四小龙)' 118회, '수출상품(出口商品)' 106회, '중한(中韩)' 97회, '김영삼(金泳三)' 89회, '경제개발(经济开发)' 74회, '수출형경제(外向型经济)' 73회, '발전전략(发展战略)' 63회, '외자도입(引进外资)' 58회 등의 순으로 나타났다.

1992년에서 1997년까지의 시기는 '아시아 네 마리 용'으로 부상한 한국의 경제 발전이라는 지식 지형도에 대한 내용으로 그 구체적 분석 과정을 살펴보면 아래와 같다. 이들 키워드 간 동시 출현 횟수 분포도는 아래와 같다.

<표 10> 1992-1997년 동시 출현 상위 키워드 분포도

키워드 1	키워드 2	횟수
经济发展	亚洲四小龙	38
出口导向	出口产品	22
经济发展	外向型经济	20
经济发展	经济开发	20
经济发展	出口产品	18

出口产品	出口贸易	17
经济发展	技术引进	16
亚洲四小龙	外向型经济	16
经济发展	产业结构	15
经济发展	经济起飞	15
经济发展	新兴工业化国家	15

위 표를 살펴보면, '경제발전(经济发展)-아시아 네 마리 용(亚洲四小龙)' 38회로 가장 높고, '수출형경제(外向型经济)-수출상품(出口商品)' 22회, '경제발전(经济发展)-수출형경제(外向型经济)' 20회, '경제발전(经济发展)-경제개발(经济开发)' 20회, '경제발전(经济发展)-수출상품(出口商品)' 18회 등의 순으로 나타났다.

이상의 키워드 동시 출현 횟수라는 관계적 속성 데이터를 통한 의미 유추는 아래 상위 키워드 연결망 분석도와 키워드 군집 분포도를 통해서 더욱 더 명확히 확인할 수 있다.

<그림 22> 1992-1997년 키워드 연결망 분석도

위 그림은 동시 출현 횟수 9회 이상 키워드의 연결 정도 중심성을 값을 토대로 도출한 키워드 연결망 분석도. 위의 연결망 분석도를 통해 연결 정도가 가장 높은 키워드가 '경제발전(经济发展)', 수출주도형 경제를 뜻하는 '외향형경제(外向型经济)', '수출상품(出口商品)'임을 확인할 수 있다. 이상의 주제에 대한 보다 구체적인 지식구조 분석과 그 의미 도출을 위해 키워드 커뮤니티 분석을 진행했다. 즉, 이상의 키워드 간 상호 밀접히 연결되어 그 의미구조를 형성하고 있는 키워드 군집을 파악하는 것이다.

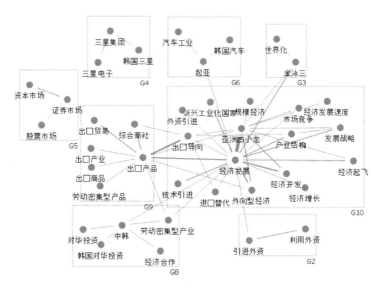

<그림 23> 1992-1997년 키워드 커뮤니티 분석도

아래 키워드 군집 분포도를 살펴보면, 크게 여섯 개의 키워드 군집으로 구분할 수 있다.

<표 11> 1992-1997년 키워드 군집 분포도

G(그룹)	키워드 군집
G1	经济发展, 产业结构, 出口导向, 亚洲四小龙, 经济起飞, 外向型经济, 经济增长, 经济开发, 进口替代, 技术引进, 新兴工业化国家, 外资引进, 规模经济, 发展战略, 市场竞争, 经济发展速度
G2	经济合作, 劳动密集型产业, 中韩, 韩国对华投资, 对华投资
G3	劳动密集型产品, 出口商品, 出口产品, 出口产业, 出口贸易, 综合商社
G4	三星集团, 三星电子, 韩国三星
G5	证券市场, 股票市场, 资本市场
G6	汽车工业, 起亚, 韩国汽车

그룹 1(G1)은 '경제발전(经济发展)', '산업구조(产业结构)', '수출주도 (出口导向)', '아시아 네 마리 용(亚洲四小龙)', '경제도약(经济起飞)', '수출형경제(外向型经济)', '경제성장(经济增长)', '경제개발(经济开发)', '수입대체(进口替代)', '기술도입(技术引进)', '신흥산업화국가(新兴工业化国家)', '외자도입(外资引进)', '규모경제(规模经济)', '발전전략(发展战略)', '시장경쟁(市场竞争)', '경제발전속도(经济发展速度)'의 키워드로 구성된 군집이다. 그룹 2(G2)는 '경제협력(经济合作)', '노동집약형산업(劳动密集型产业)', '중한(中韩)', '대중국투자(对华投资)'의 키워드로 구성된 군집이다. 그룹 3(G3)은 '노동집약형산업(劳动密集型产业)', '수출상품(出口商品)', '수출제품(出口产品)', '수출산업(出口产业)', '수출무역(出口贸易)', '종합상사(综合商社)'의 키워드로 구성된 군집이다. 그룹 4(G4)는 '삼성그룹(三星集团)', '삼성전자(三星电子)', '한국삼성(韩国三星)'의 키워드로 구성된 군집이다. 그룹 5(G5)는 '증권시장(证券市场)', '주식시장(股票市场)', '자본시장(资本市场)'의 키워드로 구성된 군집이다. 그룹 6(G6)은 '자동차산업(汽车工业)', '기아(起亚)', '한국자동차(韩国汽车)'

의 키워드로 구성된 군집이다.

이상의 내용을 종합해 보면, 1992년에서 1997년까지의 시기는 '아시아 네 마리 용'으로 부상한 신흥공업 국가인 한국의 경제 발전이 수출 주도형 경제 발전 전략을 통해 실현되었음을 보여주고 있다.

문헌 제목에 '경제발전' 키워드가 포함된 총 89편의 제목 데이터를 한국어로 번역한 뒤 관련 분석을 진행했다. 동시 출현 회수 4회 이상의 연결 정도 중심성 키워드 분석도는 아래와 같다.

<그림 24> '경제발전' 관련 키워드 중심성 도식

위 그림은 '경제발전' 키워드 연결 정도 중심성 값을 토대로 상위 키워드를 원형으로 도식화한 것이다. 연결 정도 중심성 값이 높을수록 원

의 중심에 위치한다. 한국의 경제 발전 지식구조 외에 '정부', '기업', '금융', '시사점', '대만' 등이 포함된 원문 데이터 분석을 진행했다. 아래와 같다.

<그림 25> '경제발전' 관련 원문 내용 분석(1)

'한국 경제발전에서의 한국 정부의 역할'이라는 지식구조가 형성되었음을 확인할 수 있다.

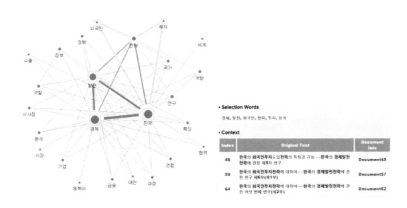

<그림 26> '경제발전' 관련 원문 내용 분석(2)

한국 경제 발전에 있어 외국인 투자 전략에 대한 지식구조 형성을
확인할 수 있다.

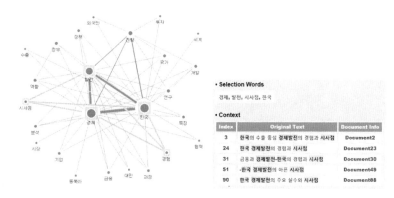

<그림 27> '경제발전' 관련 원문 내용 분석(3)

한국 경제 발전에 있어 '경험과 시사점'에 대한 지식구조 형성을 확
인할 수 있다.

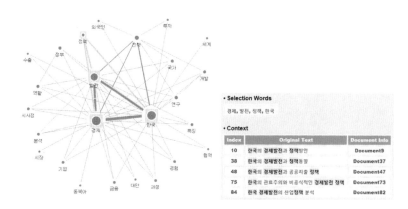

<그림 28> '경제발전' 관련 원문 내용 분석(4)

한국의 경제 발전과 다양한 정책 분석 지식구조를 형성하고 있다.

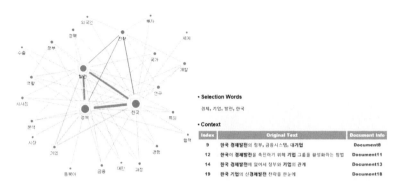

<그림 29> '경제발전' 관련 원문 내용 분석(5)

한국의 경제 발전과 기업 간의 관계에 대한 지식구조를 형성하고 있다.

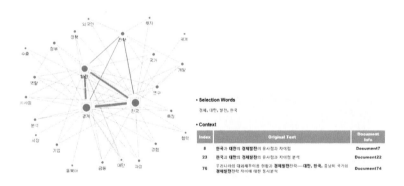

<그림 30> '경제발전' 관련 원문 내용 분석(6)

한국과 대만의 경제발전 비교 분석 지식구조를 형성하고 있다.

2. 제2시기: 1998-2004년 지식 지형도

3,026편 논문의 총 12,795개 키워드 분포도와 상위 20위 키워드 분포도를 도식화하면 아래와 같다.

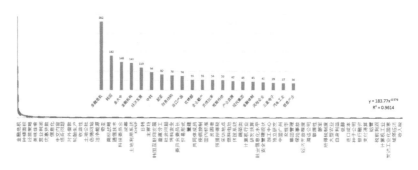

<그림 31> 1998-2004년 전체 키워드 분포도

두 번째 시기는 1998년에서 2004년까지로 한국의 금융위기 관련 지식 지형도에 대한 내용으로 그 구체적 분석 과정을 살펴보면 아래와 같다.

위의 상위 키워드 분포도를 살펴보면, '금융위기(金融危机)' 362회, '한국(韩国)' 182회, '김대중(金大中)' 148회, '금융기관(金融机构)' 143회, '경제발전(经济发展)' 119회, '중한(中韩)' 94회, '기아(起亚)' 82회, '재무구조(财务结构)' 78회, '수출상품(出口商品)' 74회, '농림부(农林部)' 55회 등의 순으로 분포되었다.

이들 키워드 간 키워드 동시 출현 횟수를 상위 10위 분포도에서 살펴보면 아래와 같다.

<표 12> 1998-2004년 동시 출현 상위 키워드 분포도

키워드 1	키워드 2	횟수
金融危机	金融机构	75
金融危机	金大中	50
金融危机	经济发展	32
金融危机	短期外债	28
金融危机	金融体制	24
金融危机	资本项目	23
金融机构	财务结构	23
金融危机	企业破产	22
金融机构	金大中	21
财务结构	负债比率	21

위의 동시 출현 횟수 상위 분포도를 살펴보면, '금융위기(金融危机)-금융기관(金融机构)' 75회, '금융위기(金融危机)-김대중(金大中)' 50회, '금융위기(金融危机)-경제발전(经济发展)' 32회, '금융위기(金融危机)-단기외채(短期外债)' 28회, '금융위기(金融危机)-금융체제(金融体制)' 24회, '금융위기(金融危机)-자본항목(资本项目)' 23회, '금융기관(金融机构)-재무구조(财务结构)' 23회, '금융위기(金融危机)-기업파산(企业破产)' 22회, '금융기관(金融机构)-김대중(金大中)' 21회 등의 순으로 나타났다.

아래는 동시 출현 횟수 9회 이상 키워드의 연결 정도 중심성을 값을 토대로 도출한 키워드 연결망 분석도다.

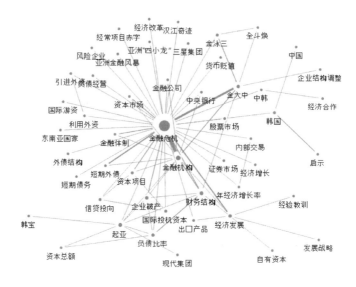

<그림 32> 1998-2004년 키워드 연결망 분석도

위의 키워드 연결망 분석도를 살펴보면, '금융위기(金融危机)' 키워드의 연결 정도가 가장 큰 것을 확인할 수 있고, 다음으로 '금융기관(金融机构)', '재무구조(财务结构)', '김대중(金大中)' 등의 키워드가 그 연결 정도가 강하게 나타나고 있음을 알 수 있다.

이상의 주제에 대한 보다 구체적인 지식구조 분석과 그 의미 도출을 위해 키워드 커뮤니티 분석을 진행했다. 즉, 이상의 키워드 간 상호 밀접히 연결되어 그 의미 구조를 형성하고 있는 키워드 군집을 파악하는 것이다. 상위 키워드 커뮤니티 분석도를 살펴보면 아래와 같다.

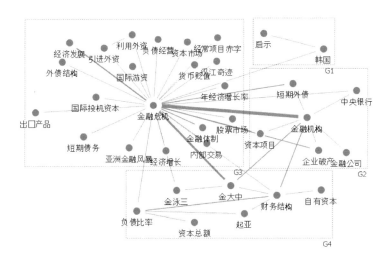

<그림 33> 1998-2004년 상위 키워드 커뮤니티 분석도

아래 키워드 군집 분포도를 살펴보면, 크게 네 개의 키워드 군집으로 구분할 수 있다.

<표 13> 1998-2004년 상위 키워드 군집 분포도

G(그룹)	키워드 군집
G1	韩国, 启示
G2	金融机构, 企业破产, 资本项目, 短期外债, 金融公司, 中央银行
G3	金融危机, 股票市场, 内部交易, 亚洲金融风暴, 经济增长, 金融体制, 国际投机资本, 短期债务, 出口产品, 外债结构, 国际游资, 经济发展, 利用外资, 负债经营, 资本市场, 经常项目赤字, 引进外资, 汉江奇迹, 货币贬值, 年经济增长率
G4	财务结构, 自有资本, 起亚, 金泳三, 资本总额, 负债比率, 金大中

그룹 1(G1)은 '한국(韩国)', '시사점(启示)'의 키워드로 구성된 군집이다. 그룹 2(G2)는 '금융기구(金融机构)', '기업파산(企业破产)', '자본

항목(資本項目)', '단기외채(短期外債)', '금융회사(金融公司)', '중앙은행(中央銀行)'의 키워드로 구성된 군집이다.

그룹 3(G3)은 '금융위기(金融危机)', '주식시장(股票市场)', '내부거래(内部交易)', '아시아금융위기(亚洲金融风暴)', '경제성장(经济增长)', '금융체제(金融体制)', '국제투자자본(国际投机资本)', '단기채무(短期债务)', '수출제품(出口产品)', '경제발전(经济发展)', '외자이용(利用外资)', '부채경영(负债经营)', '자본시장(资本市场)', '경상항목적자(经常项目赤字)', '외자도입(引进外资)', '한강의기적(汉江奇迹)', '화폐평가절하(货币贬值)', '연경제성장률(年经济增长率)'의 키워드로 구성된 군집이다.

그룹 4(G4)는 '재무구조(财务结构)', '기아(起亚)', '김영삼(金泳三)', '자본총액(资本总额)', '부채비율(负债比率)', '김대중(金大中)'의 키워드로 구성된 군집이다.

이상의 내용을 종합해 보면, 1998년에서 2004년까지의 시기는 금융기관, 금융시장으로부터 시작된 한국의 금융위기로 부채 비율, 재무 구조가 악화되고 이는 기업 파산으로 이어진다. 이에 대해 김대중 정부의 관련 정책이 시행된다는 지식 지형도를 형성하고 있다.

논문 제목에 '금융위기(金融危机)' 키워드가 포함된 총 200편의 제목 데이터를 한국어로 번역한 뒤 키워드 연결망 분석을 진행했다. 동시 출현 횟수 4회 이상의 연결 정도 중심성 키워드 분석도를 보면 아래와 같다.

<그림 34> '금융위기' 키워드 연결 중심성 도식

위 그림은 '금융위기' 키워드 연결 정도 중심성 값을 토대로 상위 키워드를 원형으로 도식화한 것이다. 연결 정도 중심성 값이 높을수록 원의 중심에 해당 키워드가 위치한다.

한국의 '금융위기' 지식구조 외에 '정부', '기업집단', '금융', '시사점', '동아시아' 등이 포함된 원문 내용 분석을 진행한 결과는 아래와 같다.

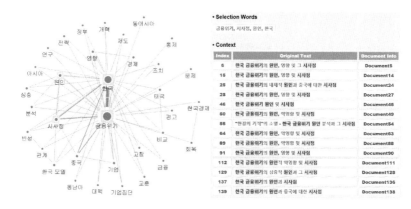

Selection Words

금융위기, 시사점, 원인, 한국

Context

Index	Original Text	Document Info
5	한국 금융위기의 원인, 영향 및 그 시사점	Document5
15	한국 금융위기의 원인, 영향 및 시사점	Document14
25	한국 금융위기의 내재적 원인과 중국에 대한 시사점	Document24
28	한국 금융위기의 원인, 영향 및 시사점	Document27
46	한국 금융위기 원인 및 시사점	Document45
60	한국 금융위기의 원인, 악영향 및 시사점	Document49
55	"한강의 기적"의 소멸 - 한국 금융위기 원인 분석과 그 시사점	Document54
64	한국 금융위기의 원인, 악영향 및 시사점	Document63
89	한국 금융위기의 원인, 악영향 및 시사점	Document88
91	한국 금융위기의 원인, 영향 및 시사점	Document90
112	한국 금융위기의 원인의 악영향 및 시사점	Document111
129	한국 금융위기의 심층적 원인과 그 시사점	Document128
137	한국 금융위기의 원인과 시사점	Document136
139	한국 금융위기의 원인과 중국에 대한 시사점	Document138

<그림 35> '금융위기' 관련 원문 내용 분석(1)

한국 금융위기의 그 원인과 시사점이라는 지식구조를 형성하고 있다.

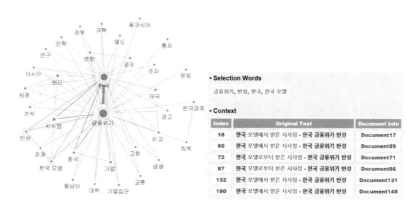

Selection Words

금융위기, 반성, 한국, 한국 모델

Context

Index	Original Text	Document Info
18	한국 모델에서 받은 시사점 - 한국 금융위기 반성	Document17
60	한국 모델에서 받은 시사점 - 한국 금융위기 반성	Document59
72	한국 모델로부터 받은 시사점 - 한국 금융위기 반성	Document71
87	한국 모델로부터 받은 시사점 - 한국 금융위기 반성	Document86
132	한국 모델에서 받은 시사점 - 한국 금융위기 반성	Document131
150	한국 모델에서 받은 시사점 - 한국 금융위기 반성	Document149

<그림 36> '금융위기' 관련 원문 내용 분석(2)

한국 모델로 본 금융위기의 시사점이라는 지식구조를 형성하고 있다.

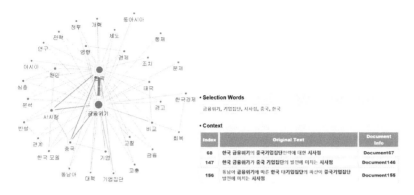

<그림 37> '금융위기' 관련 원문 내용 분석(3)

한국 금융위기의 한국과 중국의 대기업 집단에 대한 시사점이라는 지식구조를 형성하고 있다.

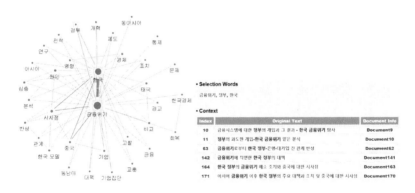

<그림 38> '금융위기' 관련 원문 내용 분석(4)

한국 금융위기에서의 정부의 역할, 대책에 대한 지식구조를 형성하고 있다.

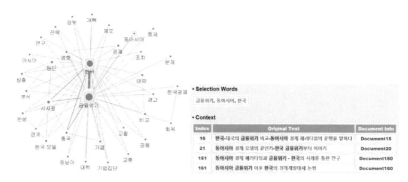

<그림 39> '금융위기' 관련 원문 내용 분석(5)

한국을 포함한 동아시아 금융위기에 대한 분석 지식구조를 형성하고
있다.

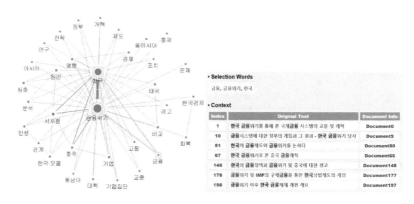

<그림 40> '금융위기' 관련 원문 내용 분석(6)

한국의 금융위기를 통해서 본 한국 금융 체제, 제도, 시스템, 더 나아
가 중국의 금융 개혁에 대한 지식구조를 형성하고 있다.

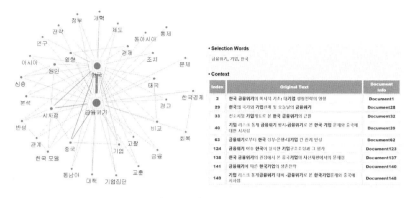

<그림 41> '금융위기' 관련 원문 내용 분석(7)

한국 금융위기에 있어 한국 기업의 영향, 향후 대책에 대한 지식구조를 형성하고 있다.

3. 제3시기: 2005-2009년 지식 지형도

2,641편 논문의 총 11,684개 키워드 분포도와 상위 20위 키워드 분포도를 도식화하면 아래와 같다.

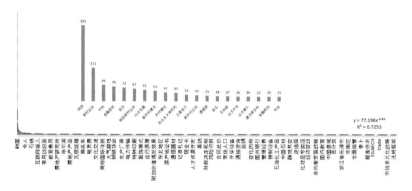

<그림 42> 2005-2009년 전체 키워드 분포도

위의 상위 키워드 분포도를 살펴보면, '한국(韩国)' 393회, '새마을운동(新村运动)' 173회, '중한(中韩)' 86회, '금융위기(金融危机)' 78회, '시사점(启示)' 72회, '한국새마을운동(韩国新村运动)' 67회, '신농촌건설(新农村建设)' 55회, '농촌건설(农村建设)' 47회 등의 순으로 분포되었다. 이들 키워드 간 동시 출현 횟수를 살펴보면 아래와 같다.

<표 14> 2005-2009년 동시 출현 키워드 상위 분포도

키워드 1	키워드 2	횟수
韩国	新村运动	42
韩国	启示	34
新村运动	新农村建设	33
新村运动	社会主义新农村	29
新村运动	农村建设	27
韩国	中国	21
韩国	新农村建设	21
韩国	日本	18
农村建设	社会主义新农村	18
韩国新村运动	农村建设	17

위의 동시 출현 횟수 상위 분포도를 보면, '새마을운동(新村运动)-한국(韩国)' 42회로 최상위에 분포되었고, 다음으로 '시사점(启示)-한국(韩国)', '새마을운동(新村运动)-사회주의신농촌(社会主义新农村)', '새마을운동(新村运动)-농촌건설(农村建设)', '새마을운동(新村运动)-신농촌건설(新农村建设)', '한국(韩国)-중국(中国)', '새마을운동(新村运动)-다각경영 발전(发展多种经营)', '새마을운동(新村运动)-시사점(启示)', '한국(韩国)-경험(经验)' 등의 순으로 분포되었다.

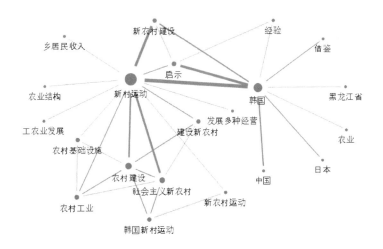

<그림 43> 2005-2009년 상위 키워드 연결망 분석도

위 그림은 동시 출현 횟수 12회 이상 키워드의 연결 정도 중심성을 값을 토대로 도출한 키워드 연결망 분석도다. 연결 정도를 나타내는 원의 크기를 살펴보면, '새마을운동(新村运动)' 키워드 연결 정도가 가장 크게 나타나고 있음을 확인할 수 있다. 다음으로 '한국(韩国)', '신농촌건설(新农村建设)', '시사점(启示)' 등의 순이다.

이상의 주제에 대한 보다 구체적인 지식구조 분석과 그 의미 도출을 위해 키워드 커뮤니티 분석을 진행했다. 즉, 이상의 키워드 간 상호 밀접히 연결되어 그 의미 구조를 형성하고 있는 키워드 군집을 파악하는 것이다. 상위 키워드 커뮤니티 분석도를 살펴보면 아래와 같다.

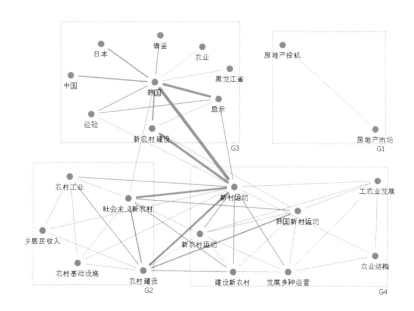

<그림 44> 2005-2009년 상위 키워드 커뮤니티 분석도

아래 키워드 군집 분포도를 살펴보면, 크게 네 개의 키워드 군집으로 구분할 수 있다.

<표 15> 2005-2009년 상위 키워드 군집 분포도

G(그룹)	키워드 군집
G1	房地产投机, 房地产市场
G2	农村建设, 农村工业, 农村基础设施, 乡居民收入, 社会主义新农村
G3	韩国, 经验, 中国, 启示, 日本, 借鉴, 农业, 黑龙江省, 新农村建设
G4	韩国新村运动, 新村运动, 发展多种经营, 新农村运动, 农业结构, 工农业发展, 建设新农村

그룹 1(G1)은 '부동산투기(房地产投机)', '부동산시장(房地产市场)'의 키워드로 구성된 군집이다. 그룹 2(G2)는 '농촌건설(农村建设)', '농촌산업(农村工业)', '농촌인프라(农村基础设施)', '농촌주민소득(乡居民收入)', '사회주의신농촌(社会主义新农村)'의 키워드로 구성된 군집이다. 그룹 3(G3)은 '한국(韩国)', '경험(经验)', '중국(中国)', '시사점(启示)', '일본(日本)', '본보기(借鉴)', '농업(农业)', '흑룡강성(黑龙江省)', '신농촌건설(新农村建设)'의 키워드로 구성된 군집이다. 그룹 4(G4)는 '한국새마을운동(韩国新村运动)', '다품종경영발전(发展多种经营)', '농업구조(农业结构)', '농공업발전(工农业发展)', '신농촌건설(建设新农村)'의 키워드로 구성된 군집이다.

이상의 내용을 종합해 보면, 2006년에서 2010년까지의 시기는 한국의 새마을운동 성공 사례를 시사점으로 삼아 중국의 사회주의 신 농촌 건설을 추진하고 이를 통해 농촌 산업을 발전을 추진하고자 한다는 지식 지형도를 형성하고 있음을 확인할 수 있다.

4. 제4시기: 2010-2020년 시기별 지식 지형도

네 번째 시기는 2010년에서 2020년까지로 한국과 한중 양국의 시사점에 대한 내용으로 그 구체적 분석 과정을 살펴보면 아래와 같다.

4,246편 논문의 총 15,578개 키워드 분포도와 상위 20위 키워드 분포도를 도식화하면 아래와 같다.

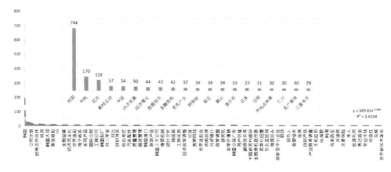

<그림 45> 2010-2020년 전체 키워드 분포도

위의 키워드 상위 분포도를 살펴보면, '한국(韩国)' 744회, '중한(中韩)' 170회, '시사점(启示)' 128회, '새마을운동(新村运动)' 57회, '중국(中国)' 54회, '경제발전(经济发展)' 50회 등의 순으로 나타났다. 이들 키워드 간 동시 출현 횟수를 살펴보면 아래와 같다.

<표 16> 2010-2020년 동시 출현 키워드 상위 분포도

키워드 1	키워드 2	횟수
韩国	启示	74
韩国	中国	42
韩国	日本	33
韩国	经验	24
韩国	文化产业	23
韩国	新村运动	19
中韩	自贸协定	15
韩国	中小企业	11
韩国汽车	起亚	11
韩国	农产品	10
启示	文化产业	10

'한국(韩国)-시사점(启示)' 74회로 최상위에 분포되었고, 다음으로 '한국(韩国)-중국(中国)' 42회, '한국(韩国)-일본(日本)' 33회, '한국(韩国)-경험(经验)' 24회, '한국(韩国)-문화산업(文化产业)' 23회, '한국(韩国)-새마을운동(新村运动)' 19회, '중한(中韩)-자유무역협정(自贸协定)' 15회 등의 순으로 나타났다.

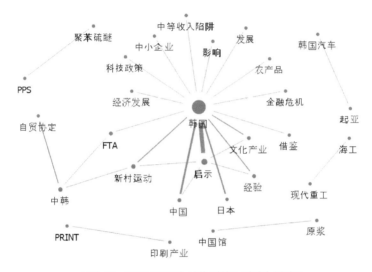

<그림 46> 2010-2020년 상위 키워드 연결망 분석도

위 그림은 동시 출현 횟수 8회 이상 키워드의 연결 정도 중심성 값을 토대로 도출한 키워드 연결망 분석도다. '한국(韩国)'이라는 키워드의 연결 정도가 가장 강하게 나타나고 있다. 이를 중심으로 '시사점(启示)', '문화산업(文化产业)', '새마을운동(新村运动)', '중한(中韩)', '자유무역협정(自贸协定)' 등의 키워드들이 연결되어 있음을 확인할 수 있다.

이상의 주제에 대한 보다 구체적인 지식구조 분석과 그 의미 도출을 위해 키워드 커뮤니티 분석을 진행했다. 즉, 이상의 키워드 간 상호 밀접히 연결되어 그 의미 구조를 형성하고 있는 키워드 군집을 파악하는 것이다. 상위 키워드 커뮤니티 분석도를 살펴보면 아래와 같다.

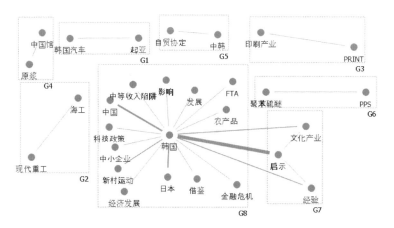

<그림 47> 2010-2020년 상위 키워드 커뮤니티 분석도

아래 키워드 군집 분포도를 살펴보면, 크게 일곱 개의 키워드 군집으로 구분할 수 있다.

<표 17> 2010-2020년 상위 키워드 군집 분포도

G그룹	키워드 군집
G1	起亚, 韩国汽车
G2	现代重工, 海工
G3	中国, 馆原浆
G4	中韩, 自贸协定
G5	聚苯硫醚, PPS
G6	文化产业, 经验, 启示
G7	韩国, FTA, 农产品, 金融危机, 借鉴, 日本, 新村运动, 经济发展, 中小企业, 中国, 科技政策, 中等收入陷阱, 影响, 发展

그룹 1(G1)은 '기아(起亚)', '한국자동차(韓国汽车)'의 키워드로 구성된 군집이다. 그룹 2(G2)는 '현대중공업(現代重工)', '해양공정(海工)'의 키워드로 구성된 군집이다. 그룹 3(G3)은 '중국(中国)', '관원장(馆原浆)'의 키워드로 구성된 군집이다. 그룹 4(G4)는 '중한(中韩)', '자유무역협정(自贸协定)'의 키워드로 구성된 군집이다. 그룹 5(G5)는 '폴리페닐렌 설파이드(聚苯硫醚)', 'PPS'의 키워드로 구성된 군집이다. 그룹 6(G6)은 '문화산업(文化产业)', '경험(经验)', '시사점(启示)'의 키워드로 구성된 군집이다. 그룹 7(G7)은 '한국(韩国)', 'FTA', '농산품(农产品)', '금융위기(金融危机)', '본보기(借鉴)', '일본(日本)', '새마을운동(新村运动)', '경제발전(经济发展)', '중소기업(中小企业)', '중국(中国)', '과학기술정책(科技政策)', '중등소득함정(中等收入陷阱)'의 키워드로 구성된 군집이다.

이상의 내용을 종합해 보면, 2010년에서 2020년까지의 시기는 한국 경제 발전, 새마을운동, 기업 경영, 문화 산업 등의 성공 사례를 통한 시사점 도출과 자유무역협정과 같은 향후 한중 양국의 발전을 위한 시사점 도출을 중심으로 하는 다양한 지식 지형도가 형성되어 있음을 확인할 수 있다.

제4절 중국의 한국학 미시 지식 지형도

거시·시기별 지식 지형도 분석을 통해 아래와 같은 세 가지의 지식 지형도를 도출했다. 첫 번째, 한국의 새마을운동 경험을 시사점으로 삼아 사회주의 신 농촌 건설을 추진하는 내용이다. 두 번째, 한국이 대외 지향형·노동집약형 수출 산업으로 경제 발전을 이루었다는 내용이다. 세 번째, 한국 경제발전 과정에서 외자도입으로 금융기관의 금융위기를 맞이했다는 내용이다.

지금부터 이상의 세 가지 지식구조를 각각 대표하는 연도별 지식 지형도 분석을 진행한다. 이를 통해 이러한 지식구조에 대한 보다 구체적이고 맥락적인 의미를 파악하고자 한다.

1. 2006년 지식 지형도 분석:
'한국의 새마을운동과 중국 사회주의 신농촌 건설'

첫 번째 지식구조는 한국의 새마을운동 경험을 시사점으로 삼아 사회주의 신농촌 건설을 추진하는 내용이다.

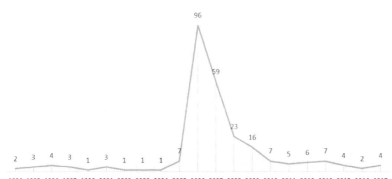

<그림 48> '새마을운동' 키워드 논문 연도별 분포도

한국의 '새마을운동' 키워드를 연도별로 검색해 보면 위 그림과 같은 분포도가 도출된다. 그 가운데 2006년이 96편으로 가장 많은 편수를 보이고 있음을 확인할 수 있다.

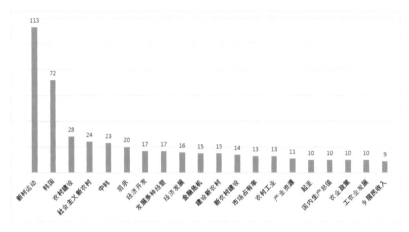

<그림 49> 2006년 상위 키워드 분포도

위의 2006년 상위 키워드 분포도를 살펴보면, '새마을운동(新村运动)' 113회, '한국(韩国)' 72회, '농촌건설(农村建设)' 28회, '사회주의신농촌 (社会主义新农村)' 24회, '중한(中韩)' 23회, '시사점(启示)' 20회 등의 순으로 나타나고 있음을 확인할 수 있다.

<표 18> 2006년 키워드 동시 출현 상위 분포도

키워드 1	키워드 2	동시 출현 횟수
新村运动	农村建设	23
新村运动	社会主义新农村	18
新村运动	韩国	17
新村运动	发展多种经营	16
新村运动	建设新农村	14
新村运动	农村工业	13
农村建设	社会主义新农村	13
农村建设	韩国新村运动	11
新村运动	启示	10
新村运动	工农业发展	10

위의 동시 출현 키워드 상위 분포도를 살펴보면, '새마을운동(新村运动)', '농촌건설(农村建设)', '사회주의신농촌(社会主义新农)' 등의 키워드가 동시 출현했음을 확인할 수 있다. 아래 그림은 '새마을운동(新村运动)' 키워드가 가장 많이 분포된 2006년도 650편 논문 키워드 연결정도 중심성 값을 바탕으로 도출한 키워드 연결망 분석도다.

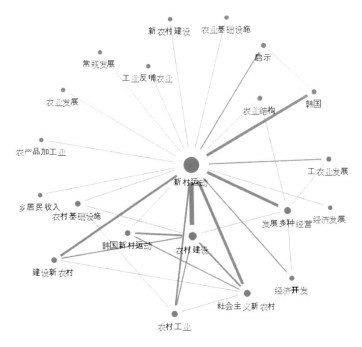

<그림 50> 2006년 주요 키워드 연결망 분석도

아래 상위 키워드 군집 분포도를 토대로 이들 키워드 연결망 분석도의 의미를 살펴보면, 한국의 새마을운동을 시사점으로 삼아 중국의 사회주의 신 농촌 건설로 그 지식구조가 형성되고 있음을 확인할 수 있다.

<表 19> 2006년 상위 키워드 군집 분포도

키워드 군집	값
新村运动, 农村建设, 农村基础设施, 农村工业	41.091
新村运动, 农村建设, 社会主义新农村, 建设新农村	39.304
新村运动, 农村建设, 社会主义新农村, 韩国新村运动	39.304
新村运动, 韩国, 启示	37.833
新村运动, 农村建设, 社会主义新农村, 农村工业	37.667
新村运动, 农业结构, 发展多种经营	32.429
新村运动, 经济开发, 发展多种经营	32.429
新村运动, 工农业发展, 发展多种经营	32.429
新村运动, 农村建设, 发展多种经营	26.192

이상의 논의에 대한 시기별 내용 분석을 진행하고자 한국의 '새마을
운동' 키워드가 포함된 논문 중 피인용 횟수가 높은 논문을 검색했다.
그 가운데 1994년 최초 관련 논문이 등장한 이후 피인용 횟수가 높은
1996년 논문의 내용을 확인해 보았다. 아래 굵은체로 표시된 부분을
통해 키워드 간 의미 구조를 확인할 수 있다.

"본 논문은 **'한국' '새마을운동'**의 사회·경제적 배경과 내용, 성과와
문제에 대해 간략하게 소개한다. 이와 함께 현재 **'중국의 농촌경제과 사
회 발전 과정'**에서 직면하고 있는 문제들에 대한 **'시사점'**을 제시한다
(本文简要地介绍了韩国"新村运动"的社会经济背景、内容及取得的成就
和存在的问题。同时，认为对目前我国农村经济、社会发展中有待解决的一
些问题，提供了可以借鉴的启示.)."[17]

---

17) 韩立民, 「韩国的"新村运动"及其启示」, 『中国农村观察』, 1996. 소속: 中国海洋大学, 피인
   용 횟수: 105회

1996년 논문이 발표된 이후 관련 논의가 활발히 진행되었고 이는 2006년 발표된 각각의 피인용 횟수가 197회, 56회인 두 편의 논문을 통해 확인할 수 있다. 그 논문 내용을 구체적으로 살펴보면 각각 아래와 같다.

"본 연구는 **'한국' '새마을운동'**의 **'성공 경험'**을 소개함으로써 중국 사회의 **'새로운 농촌 건설'**을 촉진하는 몇 가지 중요한 **'시사점'**을 제시한다(本文介绍了韩国新村运动的实践, 总结了其成功经验, 进而提出了促进我国社会主义新农村建设的若干启示.)."[18]

"**'한국'**은 **'새마을운동'**을 중심으로 급격한 농촌 발전을 실현했다. 이는 개발도상국의 또 하나의 획기적인 발전 모델을 보여준 것이다. 한국의 '새마을운동'에 대한 **'노하우'** 분석은 중국이 본격적으로 진행하고 있는 **'사회주의 신 농촌 건설'**에 매우 중요한 **'시사점'**을 제공한다(韩国以"新村运动"为核心的农村开发取得了超出预期目标的效果, 实现了一个发展中国家跨越式、超常规发展的模式。研究韩国"新村运动", 找出经验教训, 对我国正在开展的社会主义新农村建设有着积极的借鉴意义.)."[19]

이상의 시기별 내용 분석을 통해 아래와 같은 사실을 확인할 수 있다. 중국에서는 최초 한국의 새마을운동을 소개하며 중국 농촌 경제와 사회에 대한 시사점을 도출한다. 다음으로 한국 새마을운동의 성공 경

---

18) 陈昭玖・周波・唐卫东・苏昌平, 「韩国新村运动的实践及对我国新农村建设的启示」, 『农业经济问题』, 2006. 소속: 江西农业大学经济贸易学院, 피인용 횟수: 197회

19) 蒋建忠, 「新农村建设:韩国的经验与借鉴」, 『决策』, 2006. 소속: 复旦大学韩国研究中心, 피인용 횟수: 56회

험을 중국 농촌건설에 대한 시사점으로 보다 구체화시킨다. 마지막으로 한국의 새마을운동을 개발도상국의 하나의 발전 모델로 격상시킨 후 이것을 사회주의 신 농촌 건설에 적용한다. 이처럼 중국 지식인들은 한국의 새마을운동을 최초로 학습한 후 이를 시사점으로 삼아 중국 사회주의 신 농촌 건설에 반영하고 있음을 실증적으로 확인할 수 있다. 중국에서 2005년은 '11차 5개년(11・5) 규획 건의'가 통과되면서 농촌・농업・농민의 3농(三農) 정책을 바탕으로 한 중국의 '사회주의 신 농촌 건설'이 핵심 과제로 떠오른 해였다. 이는 후진타오(胡錦濤) 국가주석 중심의 중국 4세대 지도부가 추진하는 도농 간 소득 격차 해소를 통한 '조화로운 사회 건설'의 이념을 실현하기 위한 가장 중요한 과제가 되었다(조영남, 2008).

결국 이와 같은 거시적 정책 배경 속에서 2006년 한국의 새마을운동 성공사례를 통한 중국식 사회주의 신 농촌 건설에 대한 지식구조 형성과 확산이 가장 활발히 진행되었음을 확인할 수 있다.

2. 1993년 지식 지형도 분석: '한국의 대외지향형・노동집약형 경제 발전'

두 번째 지식구조는 한국이 대외지향형・노동집약형 수출 산업으로 경제 발전을 이루었다는 내용이다. 한국의 '경제발전' 키워드를 연도별로 검색해 보면 아래 그림과 같은 분포도가 도출된다. 이 가운데 관련 지식구조가 가장 명확히 파악되는 1993년 210편의 논문에 대한 지식 지형도 분석을 진행했다.

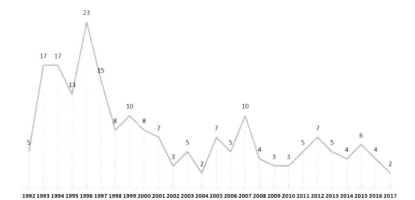

<그림 51> '경제발전' 키워드 논문 연도별 분포도

한국의 '경제발전' 키워드를 연도별로 검색해 보면 위 그림과 같은
분포도가 도출된다. 1992년 한중 수교 이후 점차 증가하다 1996년 23
편으로 가장 많은 편수를 보이고 있다. 이 가운데 '경제발전' 키워드 연
결망 분석을 가장 명확하게 파악할 수 있는 1993년 데이터를 분석해
보았다.

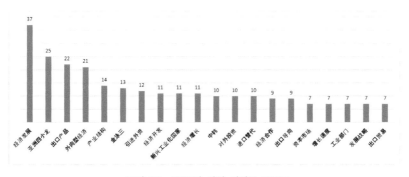

<그림 52> 1993년 상위 키워드 분포도

1993년 키워드 빈도 분석 결과 '경제발전(经济发展)' 37회, '아시아 네 마리 용'(亚洲四小龙)' 25회, '수출상품(出口产品)' 22회, '수출형경제(外向型经济)' 21회, '산업구조(产业结构)' 14회, '김영삼(金泳三)' 13회, '외자도입(引进外资)' 12회, '경제개발(经济开发)' 11회 등의 순으로 나타났다.

<표 20> 1993년 동시 출현 키워드 상위 분포도

키워드 1	키워드 2	동시 출현 횟수
亚洲四小龙	经济发展	10
外向型经济	出口产品	9
外向型经济	亚洲四小龙	7
外向型经济	经济增长	7
外向型经济	经济发展	7
外向型经济	进口替代	6
产业结构	经济发展	6
外向型经济	劳动密集型产业	5
外向型经济	产业结构	5
外向型经济	经济发展战略	5
外向型经济	引进外资	5
出口产品	经济发展	5

상위 키워드들이 상호 어떻게 동시 출현했는지 살펴보면, '아시아 네 마리 용(亚洲四小龙)'과 '경제발전(经济发展)'이라는 키워드가 가장 많이 동시 출현했으며, 다음으로 수출주도형 경제를 뜻하는 '수출형경제(外向型经济)'와 '수출상품(出口产品)', '수출형경제(外向型经济)'와 '경제성장(经济增长)' 혹은 '경제발전(经济发展)', '수출형경제(外向型经济)'와 '노동집약형산업(劳动密集型产业)' 등의 순으로 나타났다.

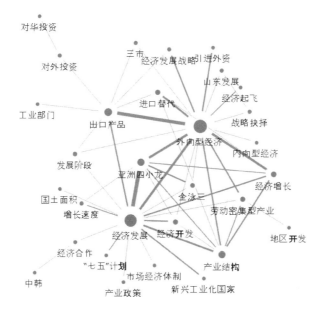

<그림 53> 1993년 상위 키워드 연결망 분석도

　위 그림은 동시 출현 횟수 4회 이상의 키워드 연결 정도 중심성 값을 토대로 도출된 연결망 분석도다. 연결망 분석도의 그 의미 구조를 파악하기 위해 아래 키워드 군집 분포도를 살펴보자. '수출형 경제(外向型经济)-전략선택(战略抉择)-산동발전(山东发展)' 키워드 군집이 최상위에 분포되었고, 다음으로 '수출형 경제(外向型经济)-수입대체(进口替代)-산업구조(产业结构)-경제성장(经济增长)', '수출형 경제(外向型经济)-경제발전(经济发展)-아시아 네 마리 용(亚洲四小龙)-산업구조(产业结构)-경제개발(经济开发)' 키워드 군집 등의 순으로 나타났다. 특히 최상위에 분포된 키워드 군집을 통해 한국의 수출주도형 경제 발전 전략이 중국 지역 발전과 상당한 연관이 있음을 추측할 수 있다. 이에 대한 보다 상세한 의미 구

조 파악은 아래 관련 논문의 내용 분석을 통해 살펴보도록 하겠다.

<표 21> 1993년 상위 키워드 군집 분포도

키워드 군집	값
外向型经济, 战略抉择, 山东发展	53.4
外向型经济, 进口替代, 产业结构, 经济增长	50.667
外向型经济, 经济发展, 亚洲四小龙, 产业结构, 经济开发	42.742
增长速度, 经济发展, 亚洲四小龙	42.158
外向型经济, 经济发展, 亚洲四小龙, 产业结构, 经济增长	41.406
外向型经济, 经济发展战略, 出口产品	38.143
外向型经济, 三市, 出口产品	38.143
外向型经济, 进口替代, 出口产品	34.826
外向型经济, 经济发展, 亚洲四小龙, 金泳三	34.323
外向型经济, 经济发展, 出口产品, 发展阶段	33.25
外向型经济, 经济发展, 劳动密集型产业, 产业结构	33.25

이상의 논의에 대한 시기별 내용 분석을 진행하고자 한국의 '경제발전' 키워드가 포함된 논문 중 피인용 횟수가 높은 논문을 검색했다. 아래 굵은체로 표시된 부분을 통해 키워드 간 의미 구조를 확인할 수 있다. 그 논문 내용을 구체적으로 살펴보면 각각 아래와 같다.

"본 연구는 한국 경제 발전의 자연 조건, 사회 조건을 분석함과 동시에 **한국 경제 발전** 과정을 크게 세 시기로 구분했다. 이를 토대로 한국 경제 발전의 특징을 도출했고, 향후 **중국 경제 발전**의 어떤 **시사점**이 있는지 분석했다.(本文首先评价了韩国经济发展的自然、社会条件，然后分三个阶段回顾了韩国经济的发展历程，并在此基础上总结了韩国经济的发展特征，及对中国在今后发展过程中的启示。)"[20]

---

20) 吕婷婷, 穆新伟, 任建兰, 「韩国经济发展及经验借鉴」, 『世界地理研究』, 2003, 소속: 山

"한국은 국제분업체제에 합류해, '선도'적인 **시장경제 체제**를 시행했다. 또한 문화 융합과 자주 혁신을 강화함으로써 **안정적인 경제 발전을** 실현했다. 이는 지리적, 문화적으로 가까운 **중국에 많은 시사점**을 제시해 주었다. (韩国积极参与国际分工, 实行"主导"的市场经济体制, 重视文化融合, 注重自主创新, 从而实现了经济的稳步发展。这给予地缘相邻、文化相近的我国若干启示。)"[21)

"한국은 여타 동아시아 국가와 뚜렷이 구별되는 특징이 있는데, 바로 경제에 대한 **한국 정부의 강력한 개입**이다. 정부는 수출주도형 경제 발전 전략, 대기업 그룹 육성, 경제 계획과 산업 정책 수립 등과 같은 방법으로 경제를 컨트롤함으로써 전 세계가 주목하는 **경제 성과**를 거뒀다. 그러나 1997년 **금융위기**가 터지면서 정부의 역할과 기능을 재정립하고 대폭 조정하게 된다. 이로써 경제에 대한 **직접적 개입**에서 점차 **간접적 개입**으로 전환하게 된다. 경제 개입에 대한 한국 정부의 이러한 경험은 전환기에 있는 중국 경제에 매우 **현실적인 교훈**을 제공한다(韩国本身存在着与其他东亚国家不同的鲜明特色, 那就是韩国政府对经济的强干预。韩国政府通过制定外向型经济发展战略, 扶持大企业集团, 通过制定经济计划与产业政策等手段来实施对经济的干预, 取得了举世瞩目的经济成就。然而1997年金融危机的爆发, 使韩国政府不得不重新定位和改革政府的作用与职能, 开始对政府的行为进行大幅度的调整, 对经济的干预逐渐由直接干预转向间接调控。韩国政府对经济干预的经验

东师范大学 人口·资源与环境学院 피인용 횟수: 17회

21) 倪合金, 「韩国经济发展的特征及其启示」, 『安徽工业大学学报(社会科学版)』, 2007 소속: 中共安徽省委党校 피인용 횟수: 8회

教训对转型期间的我国经济具有现实的借鉴意义。)."22)

1992년 한중 수교 이후 중국은 한국의 안정적이고 세계적인 경제 발전에서 시장경제 체제와 정부 역할에 대해 많은 관심을 보였다. 특히 수출주도형 경제 성장에서 정부의 역할이 매우 중요했음을 현실적인 시사점으로 도출하고 있다. 동시에 1997년 금융위기 이후 현행 체제와 정부 역할의 문제점에 따른 변화와 조정에 관심을 가지게 된다.

3. 1998년 지식 지형도 분석: '한국 경제 발전의 외자도입과 금융위기'

세 번째 지식구조는 한국 경제 발전 과정에서 외자도입으로 금융기관의 금융위기를 맞이했다는 내용이다. 한국의 '금융위기' 키워드를 연도별로 검색해 보면 아래 그림과 같은 분포도가 도출된다. 이 가운데

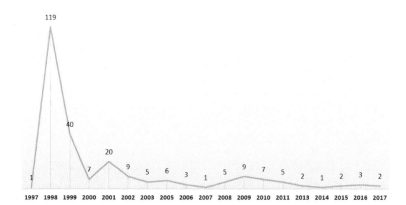

<그림 54> '금융위기' 키워드 논문 연도별 분포도

---

22) 朱旭东, 「韩国政府在经济发展中的作用及对我国的启示」, 『辽宁工学院学报(社会科学版)』, 2002 辽宁工学院团委 피인용 횟수: 7회

관련 지식구조가 가장 명확히 파악되는 1998년 507편의 논문에 대한 지식 지형도 분석을 진행했다.

　한국의 '금융위기' 키워드를 연도별로 검색해 보면 위 그림과 같은 분포도가 도출된다. 금융위기 발생 시점 전후로 급속한 연구가 진행되어 1998년 119편으로 가장 많은 분포를 보여주고 있다.

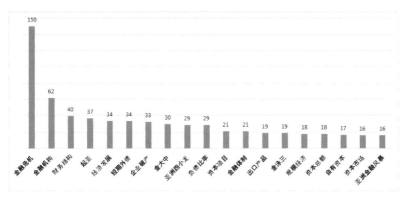

<그림 55> 1998년 상위 키워드 분포도

　위와 같이 1998년 키워드 빈도 분석 결과 '금융위기(金融危机)' 150회, '금융기관(金融机构)' 62회, '재무구조(财务结构)' 40회, '기아(起亚)' 37회, '경제발전(经济发展)' 34회, '단기외채(短期外债)' 34회, '기업파산(企业破产)' 33회, '김대중(金大中)' 30회 등의 순으로 나타났다.

<표 22> 1998년 키워드 동시 출현 상위 분포도

키워드 1	키워드 2	동시 출현 횟수
金融危机	金融机构	41
金融危机	资本项目	19
金融危机	短期外债	18
金融危机	企业破产	16
金融危机	金大中	16
金融危机	资本市场	15
资本总额	负债比率	14
金融危机	经常项目赤字	13
财务结构	起亚	13
金融危机	国际投机资本	12

위의 키워드 동시 출현 상위 분포도를 살펴보면, '금융위기(金融危机)'와 '금융기관(金融机构)'이 동시 출현 41회로 가장 많았고, 다음으로 '금융위기(金融危机)-자본항목(资本项目)' 19회, '금융위기(金融危机)-단기외채(短期外债)' 18회, '금융위기(金融危机)-기업파산(企业破产)' 16회, '금융위기(金融危机)-자본시장(资本市场)' 15회 등의 순으로 분포되었다.

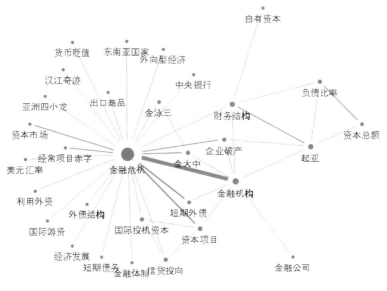

<그림 56> 1998년 키워드 연결망 분석도

위 그림은 동시 출현 횟수 8회 이상의 키워드 연결 정도 중심성 값을 토대로 도출한 연결망 분석도다. 동시 출현 횟수 상위 분포도에서 나타났듯이 '금융위기(金融危机)', '금융기관(金融机构)'이 그 연결 정도가 가장 크게 나타났으며 이 외에 '재무구조(财务结构)', '기아(起亚)' 등의 키워드도 그 연결 정도가 큰 것을 확인할 수 있다. 이상의 키워드 연결망 분석도의 의미구조를 보다 명확히 파악하기 위해 아래 키워드 군집 분포도를 살펴보도록 한다.

<표 23> 1998년 키워드 군집 상위 분포도

키워드 군집	값
起亚, 财务结构, 负债比率	79.2
起亚, 财务结构, 企业破产, 金融机构	75.143
金融危机, 信贷投向, 资本项目, 国际投机资本	33.935
金融危机, 金融机构, 资本项目, 国际投机资本	27.684
金融危机, 金融机构, 企业破产, 财务结构	26.974
金融危机, 金泳三, 金大中	26.4
金融危机, 外债结构, 短期外债	26.4
金融危机, 股本回报率, 资本项目	24.75
金融危机, 金融机构, 金融公司	21.405
金融危机, 金融机构, 坏帐率	21.405
金融危机, 金融机构, 短期外债	20.842
金融危机, 金融机构, 金大中	20.842

'기아(起亚)-재무구조(财务结构)-부채비율(负债比率)' 키워드 군집이 최상위에 분포되었고, 다음으로 '기아(起亚)-재무구조(财务结构)-기업파산(企业破产)-금융기구(金融机构)', '금융위기(金融危机)-신용대출흐름(信贷投向)-자본항목(资本项目)-국제투기자본(国际投机资本)', '금융위기(金融危机)-금융기관(金融机构)-기업파산(企业破产)-재무구조(财务结构)' 키워드 군집 등의 순으로 나타났다.

금융기관의 금융위기 기업의 파산, 대표적인 기아자동차 부채 비율과 그 재무 구조에 대한 연구에 따른 지식 지형도가 형성되었음을 확인할 수 있다. 이 외에도 국제투기자본을 포함한 국내외 자본 시장과 신용대출 흐름에 대한 지식구조도 형성되었음을 확인할 수 있다.

중국의 한국학 지식 지형도 분석에 있어 '시사점'이라는 키워드는 매우 중요한 의미를 형성하고 있다. 한국의 '새마을운동', '경제발전'이라는 성공 사례에 대한 시사점 도출 이외에 한국의 '금융위기'라는 위기 속에서 어떠한 문제점이 발생했으며 이 과정에서 정부, 사회 차원에서 어떠한 해결책을 통해 위기를 극복했는지 분석함으로써 이에 따른 '시사점'도 매우 중요하게 다루어지고 있음을 확인할 수 있다.

아래 연구는 1997년, 2008년 두 차례의 금융위기 속에서 한국의 금융·기업 정책과 그 관련 대책을 중국과 비교 분석함으로써 관련된 시사점을 도출하는 전형적인 사례다.

"1997년 아시아 금융위기와 2008년 서브 프라임 모기지 사태가 한국 경제에 미친 큰 영향을 되돌아봄으로써, 두 번의 금융위기가 발생한 금융체제와 기업 경영의 깊은 원인을 금융 관련 이론으로 분석했다. 동시에 한국이 채택한 경제 회복 정책 조치와 그 성공의 효과적인 원인을 분석했다. 중국에도 금융 체제와 기업 경영에 있어서 유사한 문제가 있다. 중국의 금융위기 발생에 대한 잠재적인 우려를 해소하고 중국 경제의 발전을 촉진하기 위해, 금융위기를 잘 대처한 한국의 성공적인 경험을 바탕으로 관련 문제점에 대한 대처 방안을 도출했다.

(通过回顾1997年亚洲金融危机和2008年次贷危机对韩国经济的巨大影响, 运用相关金融理论分析了韩国爆发这两次金融危机的深刻的金融体制和企业经营方面的原因, 同时重点阐述了韩国采取的恢复经济的一系列政策措施以及解释了其成功有效的原因; 最后, 通过查阅国内相关资料和数据, 得出我国在金融体制和企业经营方面也存在类似的问题, 为消除我国爆发金融危机的隐患和促进我国经济的发展, 在韩国应对这些问题的成功经验的引导下, 提出了应对以上问题的对策建议。)"[23]

---

23) 姜明辉;程奎, 논문 제목: 韩国应对两次金融危机的成功经验及启示, 학술지명: 哈尔滨工业大学学报(社会科学版), 발표 연도: 2011, 피인용 횟수: 11회

제3장

대만의 한국학
지식 지형도 분석

◆ 본 장에서는 대만 지역의 한국학 지식 지형도를 분석한다. 1951년에서
  2018년까지의 전체적인 지식 지형도를 파악하고 이러한 거시적 지식 지형
  도에 대한 보다 구체적인 분석을 위해 1950년대, 1960년대, 1970년대,
  1980년, 1990년대, 2000-2018년의 시기별 지식 지형도 분석을 진행한
  다. 또한 거시적·시기별 지식 지형도의 구체적 의미 파악을 위한 키워드별,
  연도별 지식 지형도 분석을 진행한다.

제1절 대만의 한국학 거시 지식 지형도

대만 지역의 학술DB에서 검색된 문헌 데이터의 연도별 분포도를 살펴보면 아래 그림과 같다.

<그림 57> 대만의 한국학 저널 연도별 분포도(김윤태, 2020)

대만 지역의 문헌 데이터는 크게 제목, 저자, 키워드, 참고문헌 등 정

확한 출처와 완전한 형식을 갖춘 학술(學術性)[24]저널과 기사, 담화문, 감상문, 단편 지식 등 학술연구의 참고 자료로 사용 가능한 일반(一般性)저널로 구분되어 있다. 학술저널과 일반저널의 연도별 분포도를 살펴보면, 1994년을 전후로 학술과 일반저널 분포도가 상호 교차하고 있음을 확인할 수 있다. 이에 대해 일반저널의 제목에서 키워드를 추출해 분석을 진행해 보았다.[25]

검색된 총 4,014편 가운데 최초로 발표된 저널은 1950년 8월 19일 '실천(實踐)' 학술지에 발표된 '한국전쟁 발발 이후의 국제정세(韓國戰爭爆發後之國際形勢)'다. 경제경영 분야 최초의 저널은 1951년 11월 '재정경제월간(財政經濟月刊)' 학술지에 발표된 '한국전쟁과 극동경제(韓國戰爭與遠東經濟)'다.

전체 저널의 시기별 연구 추이를 살펴보면, 1950년대 23편, 1960년대 162편, 1970년대 825편, 1980년대 1010편, 1990년대 566편, 2000-2018년 1369편으로 나타났다. 1960년대부터 한국학 연구가 본격적으로 진행되어 1980년대 매우 활발한 증가 추세를 보여준다. 하지만 1990년대는 1980년대의 절반 수준까지 급속도의 감소 추세를 보인다. 2000년대 들어서면서 급속히 회복하는 추세를 보이며 2018년까지 1,369편의 한국학 연구가 진행된다. 1992년 한중 수교에 따른 대만과 한국 간 단교 영향이 크게 작용한 것으로 판단된다.

---

24) 이 외에 연구보고서, 종합평론 등 비록 완전한 논문 형식을 갖추지 않았지만 전문성을 갖춘 논저의 경우도 학술저널에 포함되어 있다.

25) 일반저널의 경우, 한국의 자동차 산업 현황과 그 발전 추세에 대한 소개, 한국 바둑에 대한 소개 등 정보 전달형 주제의 기사가 많았다.

<표 24> 대만의 한국학 시기별 상위 키워드 분포도

1950년대	빈도	1960년대	빈도	1970년대	빈도	1980년대	빈도	1990년대	빈도	2010-2018년	빈도
한국	19	한국	146	한국	787	한국	921	한국	515	한국	1221
한국화교	2	경제	24	경제	90	경제	90	산업	57	대만	192
석탄산업	2	계획	11	수출	60	산업	82	대만	43	산업	129
경제	2	수출	9	산업	55	중국	72	경제	34	경제	106
철도	1	무역	7	계획	44	수출	46	일본	33	정책	94
제도	1	건설	7	일본	37	정책	40	비교	32	비교	89
석탄	1	개발	7	중국	34	대만	40	중국	31	중국	87
무역	1	제도	6	무역	29	일본	37	정책	28	일본	81
관세	1	농업	6	정책	24	무역	33	개발	22	시장	52
		화교	5	개발	23	비교	31	제도	17	무역	51
		중국	5	미국	22	제도	26	섬유산업	16	개발	50
		사업	5	경제 발전	21	개발	23	기술	16	시사점	46
		대외 무역	5	제품	19	계획	21	중공	15	개혁	43
		한국화교	4	생산	17	생산	20	아시아	15	제도	40
		정책	4	화학	15	시장	18	무역	14	기술	39
		경제 발전	4	제도	15	은행	17	기업	12	투자	36
		정부	3	사업	15	경제 발전	16	개혁	12	금융	36
		전력	3	대외 무역	15	기술	15	정부	11	현대	34
		생산	3	석유	14	금융	15	수입	11	미국	29
		산업	3	섬유산업	13	해외	14	금융 위기	11	중공	27
		미국	3	대만	13	중공	14	시장	10	동아시아	23
		기업	3	건설	13	현대	13	미국	10	정부	22

이는 시기별 상위 키워드 분포도 분석을 통해서도 간접적으로 확인할 수 있다. 위의 시기별 상위 키워드 분포도를 살펴보면, 1990년대 '중공' 키워드 분포가 다른 시기에 비해 가장 많음을 확인할 수 있다. 한편, '대만'과 '중국' 키워드는 대만 지역을 의미하며, '중공' 키워드는 중국 대륙을 의미한다.

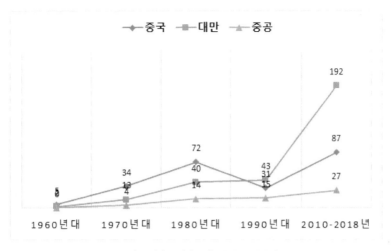

<그림 58> '중국' '대만' '중공' 키워드 시기별 분포도

위 그림을 통해 '중공' 키워드가 시기별 증가 추세를 보이면서, 대만 지역을 의미하는 키워드 명칭이 변화되고 있음을 확인할 수 있다. 즉, 1960년대는 '중국' 키워드 5회, '대만' 키워드 2회, 1970년대 '중국' 키워드 34회, '대만' 키워드 13회, 1980년대 '중국' 키워드 72회, '대만' 키워드 40회, 1990년대 '중국' 키워드 31회, '대만' 키워드 43회, 2010-2018년은 '중국' 키워드 87회, '대만' 키워드 192회로 나타나 대만 지역을 '중국'이 아닌 '대만'으로 명명하고 있음을 확인할 수 있다.

위 그림을 통해 한국 경제, 수출, 무역 등 대외적 거시 경제 관련 키워드에서 한국의 산업, 기업이라는 산업 경영 관련 분야로 바뀌고 있음을 확인할 수 있다. 또한 1990년대 '금융위기' 키워드가 등장하게 된다.

한편, 1970년대 등장한 '비교' 키워드가 1980년대를 거쳐 1990년대, 2000-2018년 상위 분포를 나타내고 있음을 확인할 수 있다. 더불어

'시사점' 키워드가 등장하고 있다.

<그림 59> 대만의 한국학 전체 키워드 분포도와 키워드 클라우드

위의 전체 키워드 분포도와 키워드 클라우드를 살펴보면, 한국(3609회), 산업(497회), 경제(409회), 중국(346회), 대만(234회), 무역(202회), 정책(198회), 일본(189회), 교육(173회), 수출(171회), 정치(111회), 비교(170회), 시스템(146회), 시장(123회), 제도(119회), 금융(119회), 문화(92회), 법(69회), 역사(66회), 사회(64회), 정부(62회), 유교(54회), 자유(50회), 과학(49회), 소설(48회), 문학(47회), 영화(31회), 한국어(30회), 헌법(29회) 등의 순으로 나타났다. 키워드 빈도수 측면에서 경제경영 분야의 연구가 사회문화(교육/문화/사회/영화), 정치외교(정치/정부/자유/법), 문사철(역사/유교), 어문학(소설/문학/한국어) 분야보다 많음을 확인할 수 있다.

이 가운데 경제·경영 분야의 키워드만 선별하여 빈도수 4회 이상 키워드 160개를 도출했다. 키워드 빈도수 3,609회의 '한국' 키워드를 제외한 후 이를 도식화하면 아래와 같다. 한국의 경제, 산업, 무역, 정책 비교 등에 대한 주제와 중국, 대만, 일본 등의 국가명이 가장 크게 부각되어 있음을 확인할 수 있다.

상위 20위 키워드의 구체적인 분포를 살펴보면 아래 그림과 같다.

<그림 60> 대만의 한국학(경제·경영) 상위 키워드 분포도

'한국' 키워드를 제외한 '경제' 346회, '산업' 326회, '대만' 290회, '중국' 229회, '정책' 190회, '일본' 189회, '비교' 163회, '무역' 135회, '수출' 130회 등의 순으로 나타났다. 이 가운데 '중국' 키워드는 '대만'과 혼용해서 사용되는데 모두 대만 지역을 의미한다.[26]

흥미로운 점은 '비교' 키워드와 '시사점' 키워드가 각각 163회, 53회로 상위 키워드로 분포되었다. 구체적인 의미는 키워드별 지식 지형도 분석을 통해 논의하고자 한다.

---

26) 중국대륙의 1979년 10월 UN가입, 1992년 한중수교 등의 국제관계 변화로 호칭이 중국지역을 중국공산당이나 중국대륙으로, 대만지역은 대만으로 부르게 된다.

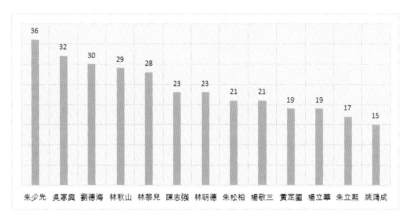

<그림 61> 대만의 한국학 저자별 상위 분포도

대만의 한국학 저자별 상위 분포도를 살펴보면 위와 같다. 무역주간 (貿易週刊) 35편, 항운&무역(航運與貿易) 20편, 국제경제자료(國際經濟資料) 16편 등으로 분포되었지만 기관명으로 저자별 순위에서 제외했다. 상위 저자별 간략 소개는 아래와 같다.

<표 25> 대만의 한국학 상위 저자 간략 소개

성명	소속	연구 분야
주소선(朱少先)	대만정치대학 국제관계연구센터 연구원	한국과 일본 문제
오가흥(吳家興)	대만의 경제건설위원회 경제연구팀장	대만과 한국의 경제상황 비교논문
유덕해(劉德海)[27]	대만정치대학 외교학과 교수	국제관계, 외교정책비교, 동북아 국제관계

---

27) 유덕해의 대표적 저서는 아래와 같다. 劉德海, 2003, '「一九九八年以來的南韓與日本關係', 戰後東北亞國際關係; 劉德海; 陳寧寧, 2001, '韓國研究導論', 韓國研究導論, 中國文化大學出版; 劉德海, 1997.09, '八〇年代中期以來的南韓對外關係: 經貿外交成功的實例', 八〇年代中期以來的南韓對外關係: 經貿外交成功的實例, 永旺出版社; 李登科*; 劉德海*, 1996.09, '國際政治', 國際政治, 國立空中大學.(*為通訊作者); 劉德海, 1991, 'China: Between the Two Koneas, 1984-1989', University of Arizona.

임추산(林秋山)[28]	중국문화대학 한국어과& 연구소 겸임교수	한국 경희대 정치학 박사로 대표적 지한파, 한국 정치외교
임려아(林黎兒)	무역주간(貿易週刊) 기자	
진지강(陳志強)	대만산업경제지식센터(IEK) 정책연구팀 지역연구부 담당	한국산업정책과 업계동향 분석
임명덕(林明德)	중국문화대학 한국어문학과 겸임교수	중국어 외국인학습, 한국어, 한국문학
주송백(朱松柏)[29]	대만대학 법률학과 겸임교수	민법, 소비자보호법
주입희(朱立熙)[30]	대만정치대학 한국어문학과 겸임교수	당대 한국정치경제, 북한연구, 한국사

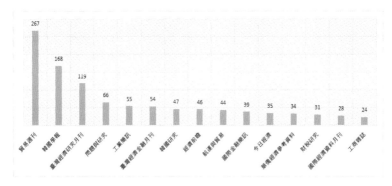

<그림 62> 대만의 한국학 학술지별 상위 분포도

---

28) 임추산의 대표적 저서는 아래와 같다. 韓國新聞自律制度的發展1968年中國文化大學韓
   國研究所; 朴正熙總統傳1977年幼獅出版社; 韓國國土統一院的組織與功能1990年行政院
   研考會; 韓國綜論政經外交篇(上中下)1998年水牛出版社; 韓國綜論南北韓關係篇1998年
   水牛出版社; 韓國綜論教育文化篇1998年水牛出版社; 韓國綜論中韓關係篇1998年水牛出
   版社

29) 주송백의 대표적 저서는 아래와 같다. 朱松柏, 南北韓的關係與統一, 臺灣商務, 2004;
   朱松柏, 新世紀的中國大陸情勢與東亞, 國立政治大學國際關係研究中心, 2004; 朱松柏,
   新世紀亞太情勢與區域安全, 國立政治大學國際關係研究中心, 2003; 朱松柏. 後冷戰時
   期南北韓與中日美俄四强的關係研討會論文集, 中研院─東北亞區域研究計劃, 1999

30) 주입희의 대표적 저서는 아래와 같다. 朱立熙, 2008, '韓國史(增定二版)', 國別史, 三
   民書局; 朱立熙, 2008, '大聲嗆媒體', 新國民文庫, 前衛出版社; 朱立熙, 2007, '國家暴
   力與過去清算', 當代叢書, 允晨文化; 朱立熙, 2006, '韓國心・台灣情', 當代叢書, 允晨
   文化; 朱立熙, 2006, '南北韓, 統一必亡', 當代叢書, 允晨文化, 朱立熙, 1986, '第一主
   義', 天下叢書, 天下文化.(韓語(文)); 朱立熙, 1983, '財閥二十五時', 聯經出版公司.(韓
   語(文))

대만의 한국학 학술지별 분포도를 살펴보면 위와 같다. 무역주간(貿
易週刊) 267편, 한국학보(韓國學報) 168편, 대만경제연구월간(臺灣經濟
硏究月刊) 119편, 상업주간(商業周刊) 111편, 문제와연구(問題與硏究)
66편, 대만경제금융월간(臺灣經濟金融月刊) 54편, 경제전담(經濟前瞻)
50편, 자동차구매가이드(汽車購買指南) 49편, 한국연구(韓國硏究) 47편
등의 순으로 나타났다.

동시 출현 횟수 30회 이상의 상위 키워드 연결 정도 중심성 분석 결
과를 도식화하면 아래와 같다.

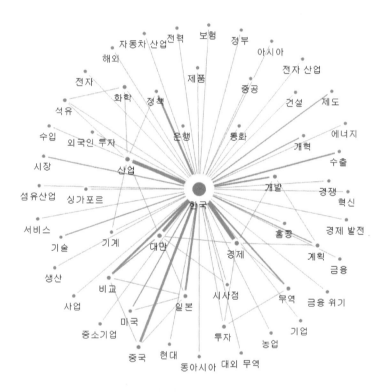

<그림 63> 대만의 한국학 상위 키워드 연결망 분석도

'한국-산업' 482회, '한국-경제' 387회, '중국-한국' 332회, '대만-한국' 230회, '한국-정책' 191회, '한국-일본' 182회, '한국-무역' 179회, '한국-수출' 167회, '한국-비교' 162회, '한국-시스템' 141회, '한국-시장' 122회, '한국-금융' 111회, '한국-투자' 86회, '대만-비교' 84회, '경제-무역' 81회 등의 순으로 나타났다.

<표 26> 대만의 한국학 동시 출현 키워드 상위 분포도

키워드 1	키워드 2	동시 출현 횟수
한국	산업	482
한국	경제	387
한국	중국	332
한국	대만	230
한국	정책	191
한국	일본	182
한국	무역	179
한국	수출	167
한국	비교	162
한국	시스템	141
한국	시장	122
한국	금융	111

대만의 한국학 상위 키워드 군집 분석 결과표는 아래와 같다.

<표 27> 대만의 한국학 상위 키워드 군집 분포도

키워드 군집	값
한국, 경제, 개발, 계획	11.63
한국, 경제, 무역, 투자	11.63
한국, 비교, 일본, 중국	11.63
한국, 산업, 석유, 화학	11.63

한국, 비교, 일본, 대만	11.018
한국, 미국, 일본	8.618
한국, 기계, 산업	8.464
한국, 산업, 정책	8.464
한국, 시사점, 대만	8.464
한국, 경제, 대만	7.9

대만의 연결망 분석도와 키워드 군집 분포도를 통해, 크게 세 가지 지식구조를 확인할 수 있다.31) 우선, 한국의 경제개발계획과 수출개발 사업, 한국의 수출정책과 수출제품 관련 지식구조이다. 두 번째로 석유 산업, 화학산업, 기계산업 등 한국 경제 중 특정 산업에 대한 지식구조 이다. 세 번째로 한국과 일본의 수출 경쟁, 한국과 대만의 산업경제 비 교, 한국과 대만의 정책 비교와 시사점, 한국과 대만 기술 투자 비교 등의 지식구조이다.

종합하면, 대만에서는 한국의 경제 성장과 산업 발전에 대한 시사점 을 도출하고 있다. 또한 대만이 한국, 중국, 일본 등의 주변국과의 비교 를 통해 경쟁 우위를 확보하고자 하는 것으로 추론할 수 있다.

---

31) 논문 제목에서 키워드를 추출해 활용한 분석 결과가 논문 서지정보의 키워드 데이터 를 활용한 분석 결과에 비해 좀 더 구체적이고 명확한 지식구조를 도출할 수 있었다.

제2절 대만의 한국학 시기별 지식 지형도

제1절 대만의 한국학 거시 지식 지형도에 대한 보다 구체적인 분석을 위해 1950년대, 1960년대, 1970년대, 1980년, 1990년대, 2000-2018년 으로 구분해 시기별 지식 지형도 분석을 진행한다.

1. 1950년대 지식 지형도 분석

23편의 논문 가운데 경제·경영 분야 관련 키워드는 총 9회로 나타났다. 이들 1950년대 키워드 빈도 분석 결과 '한국' 19회, '한국화교' 2회, '석탄산업' 2회, '경제' 2회, '철도' 1회, '제도' 1회, '석탄' 1회, '무역' 1회, '관세' 1회 순으로 나타났다.

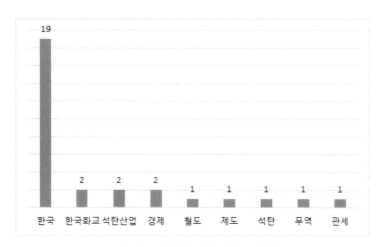

<그림 64> 1950년대 상위 키워드 분포도

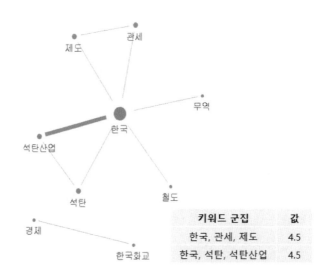

키워드 군집	값
한국, 관세, 제도	4.5
한국, 석탄, 석탄산업	4.5

<그림 65> 1960년대 키워드 연결망 분석·군집 분석

한국의 관세 제도, 한국의 석탄산업 외에 한국 화교의 경제에 대한

지식구조도 확인할 수 있다.

2. 1960년대 지식 지형도 분석

1960년대 162편 논문 가운데 경제·경영 분야의 키워드는 총 53회로 나타났다.

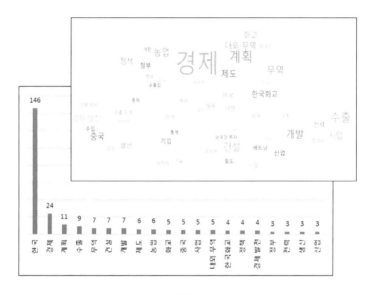

<그림 66> 1960년대 키워드 클라우드·분포도

'한국' 키워드를 제외한 52개의 키워드 클라우드는 위와 같다. 1960년대 키워드 빈도 분석 결과 '한국' 146회, '경제' 24회, '계획' 11회, '수출' 9회, '무역' 7회, '건설' 7회, '개발' 7회, '제도' 6회, '농업' 6회 등의 순으로 나타났다.

동시 출현 횟수 3회 이상 키워드의 연결 정도 중심성 분석 결과를

도식화하면 아래와 같다.

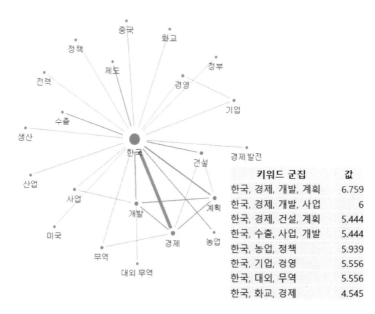

키워드 군집	값
한국, 경제, 개발, 계획	6.759
한국, 경제, 개발, 사업	6
한국, 경제, 건설, 계획	5.444
한국, 수출, 사업, 개발	5.444
한국, 농업, 정책	5.939
한국, 기업, 경영	5.556
한국, 대외, 무역	5.556
한국, 화교, 경제	4.545

<그림 67> 1960년대 키워드 연결망 분석 · 군집 분석

'경제-한국' 22회, '계획-한국' 11회, '경제-계획' 8회, '개발-경제', '개발-계획', '개발-한국', '건설-한국', '수출-한국' 각각 7회, '농업-한국', '제도-한국' 각각 6회, '경영-기업', '대외무역-한국', '한국-화교' 각각 5회, '건설-경제', '건설-계획', '경제-발전', '중국-한국' 각각 4회 등의 순으로 나타났다.

키워드 동시 출현 횟수와 군집 분석 결과를 종합해 보면, '한국 경제 개발계획', '한국 경제 개발사업', '한국 경제 건설계획', '한국 수출 개발사업', '한국의 농업정책', '한국의 기업경영', '한국의 대외무역', '한국 화교의 경제' 등의 지식구조를 확인할 수 있다.

3. 1970년대 지식 지형도 분석

825편의 논문 가운데 경제·경영 관련 114개 키워드를 추출했다. 그 가운데 '한국' 키워드를 제외한 113개 키워드 클라우드는 아래와 같다.

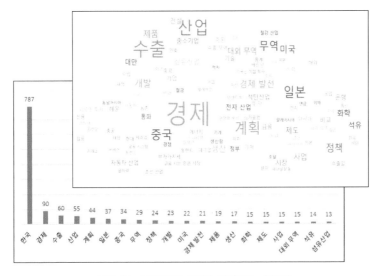

<그림 68> 1970년대 키워드 클라우드·분포도

1970년대 키워드 빈도 분석 결과 '한국' 787회, '경제' 90회, '수출' 60회, '산업' 55회, '계획' 44회, '일본' 37회, '중국' 34회, '무역' 29회, '정책' 24회, '개발' 23회, '미국' 22회, '경제발전' 21회 등의 순으로 나타났다.

동시 출현 횟수 10회 이상 키워드의 연결 정도 중심성 분석 결과를

도식화하면 아래와 같다.

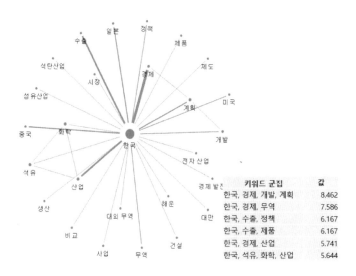

키워드 군집	값
한국, 경제, 개발, 계획	8.462
한국, 경제, 무역	7.586
한국, 수출, 정책	6.167
한국, 수출, 제품	6.167
한국, 경제, 산업	5.741
한국, 석유, 화학, 산업	5.644

<그림 69> 1970년대 키워드 연결망 분석·군집 분석

'경제-한국' 90회, '수출-한국' 62회, '산업-한국' 56회, '계획-한국' 43
회, '중국-한국' 38회, '일본-한국' 37회, '무역-한국' 28회, '개발-한국'
24회, '정책-한국' 24회, '미국-한국' 22회, '경제발전-한국' 21회, '제품-
한국' 18회, '생산-한국' 16회, '경제-계획' 15회, '대외무역-한국' 15회,
'석유-한국' 15회, '한국-화학' 15회, '제도-한국' 14회, '대만-한국' 13
회, '비교-한국' 13회 등의 순으로 나타났다.

키워드 동시 출현 횟수와 군집 분석 결과를 종합해 보면, '한국 경제
개발계획', '한국의 경제산업', '한국의 수출정책과 수출제품', '한국의
석유산업', '한국의 화학산업' 등의 지식구조를 확인할 수 있다.

4. 1980년대 지식 지형도 분석

1,010편의 논문 가운데 경제·경영 관련 132개 키워드를 추출했다. 그 가운데 '한국' 키워드를 제외한 131개 키워드 클라우드는 아래와 같다.

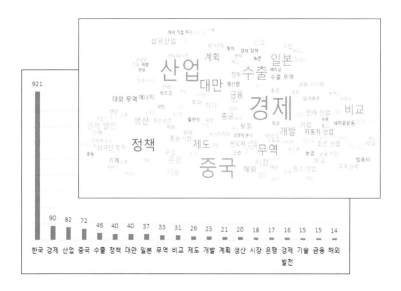

<그림 70> 1980년대 키워드 클라우드·분포도

1980년대 키워드 빈도 분석 결과 '한국' 921회, '경제' 90회, '산업' 82회, '중국' 72회, '수출' 46회, '정책' 40회, '대만' 40회, '일본' 37회, '무역' 33회, '비교' 31회, '제도' 26회, '개발' 23회, '계획' 21회 등의 순으로 나타났다.

동시 출현 횟수 10회 이상 키워드의 연결 정도 중심성 분석 결과를 도식화하면 아래와 같다.

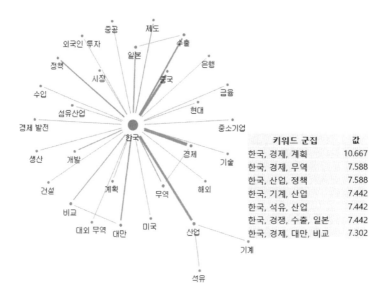

키워드 군집	값
한국, 경제, 계획	10.667
한국, 경제, 무역	7.588
한국, 산업, 정책	7.588
한국, 기계, 산업	7.442
한국, 석유, 산업	7.442
한국, 경쟁, 수출, 일본	7.442
한국, 경제, 대만, 비교	7.302

<그림 71> 1980년대 키워드 연결망 분석·군집 분석

'경제-한국' 90회, '산업-한국' 75회, '중국-한국' 71회, '수출-한국' 46회, '대만-한국' 40회, '일본-한국' 35회, '무역-한국' 31회, '비교-한국' 29회, '제도-한국' 23회, '개발-한국' 22회, '계획-한국' 21회, '시장-한국' 17회, '경제발전-한국' 16회, '금융-한국' 15회, '대만-비교' 15회, '은행-한국' 15회, '기술-한국' 15회 등의 순으로 나타났다.

키워드 동시 출현 횟수와 군집 분석 결과를 종합해 보면, '한국 경제 계획', '한국의 경제무역', '한국의 산업정책', '한국의 기계산업', '한국의 석유산업', '한국과 일본 수출 경쟁', '한국과 대만(중국) 비교' 등의 지식구조를 확인할 수 있다.

5. 1990년대 지식 지형도 분석

566편의 논문 가운데 경제·경영 관련 116개 키워드를 추출했다. 그 가운데 '한국' 키워드를 제외한 115개 키워드 클라우드는 아래와 같다.

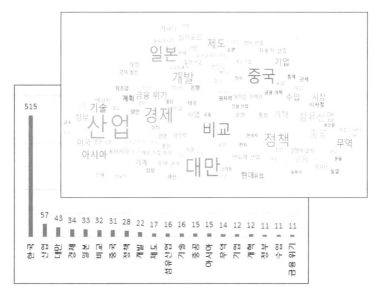

<그림 72> 1990년대 키워드 클라우드·분포도

1990년대 키워드 빈도 분석 결과 '한국' 515회, '산업' 57회, '대만' 43회, '경제' 34회, '일본' 33회, '비교' 32회, '중국' 31회, '정책' 28회, '개발' 22회, '제도' 17회, '섬유산업' 16회, '기술' 16회, '중공' 15회, '아시아' 15회 등의 순으로 나타났다. 동시 출현 횟수 10회 이상 키워드의 연결 정도 중심성 분석 결과를 도식화하면 아래와 같다.

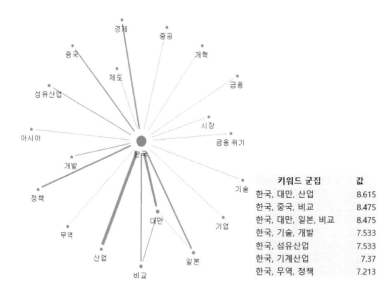

키워드 군집	값
한국, 대만, 산업	8.615
한국, 중국, 비교	8.475
한국, 대만, 일본, 비교	8.475
한국, 기술, 개발	7.533
한국, 섬유산업	7.533
한국, 기계산업	7.37
한국, 무역, 정책	7.213

<그림 73> 1990년대 키워드 연결망 분석·군집 분석

'산업-한국' 55회, '대만-한국' 44회, '경제-한국' 31회, '일본-한국' 30회, '정책-한국' 30회, '비교-한국' 27회, '중국-한국' 25회, '개발-한국' 20회, '대만-비교' 19회, '섬유산업-한국' 18회, '무역-한국' 16회, '기술-한국' 15회, '제도-한국' 15회, '중공-한국' 14회, '기업-한국' 13회, '개혁-한국' 12회, '대만-일본' 12회, '아시아-한국' 12회, '금융위기-한국' 11회 등의 순으로 나타났다.

키워드 동시 출현 횟수와 군집 분석 결과를 종합해 보면, '한국과 대만 산업', '한국과 중국(대만) 비교', '한국과 대만 일본 비교', '한국 기술개발', '한국의 섬유산업', '한국의 기계산업', '한국의 무역정책' 등의 지식구조를 확인할 수 있다.

6. 2000-2018년 지식 지형도 분석

1,369편의 논문 가운데 경제·경영 관련 144개 키워드를 추출했다. 그 가운데 '한국' 키워드를 제외한 143개 키워드 클라우드는 아래와 같다.

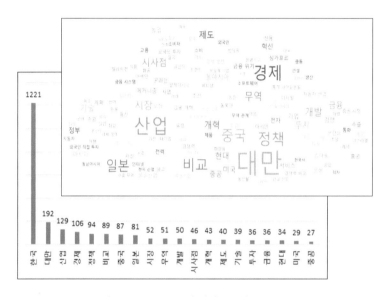

<그림 74> 2000-2018년 키워드 클라우드·분포도

2000-2018년 키워드 빈도 분석 결과 '한국' 1,221회, '대만' 192회, '산업' 129회, '경제' 106회, '정책' 94회, '비교' 89회, '중국' 87회, '일본' 81회, '시장' 52회, '무역' 51회, '개발' 50회, '시사점' 46회, '개혁' 43회, '제도' 40회, '기술' 39회 등의 순으로 나타났다. 동시 출현 횟수 15회 이상 키워드의 연결 정도 중심성 분석 결과를 도식화하면 아래와 같다.

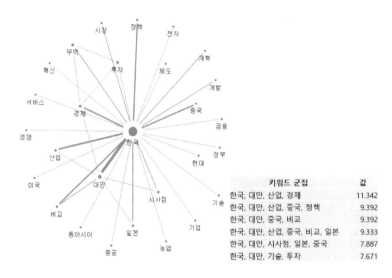

키워드 군집	값
한국, 대만, 산업, 경제	11.342
한국, 대만, 산업, 중국, 정책	9.392
한국, 대만, 중국, 비교	9.392
한국, 대만, 산업, 중국, 비교, 일본	9.333
한국, 대만, 시사점, 일본, 중국	7.887
한국, 대만, 기술, 투자	7.671

<그림 75> 2000-2018년 키워드 연결망 분석·군집 분석

'대만-한국' 185회, '산업-한국' 131회, '경제-한국' 94회, '중국-한국' 90회, '비교-한국' 88회, '정책-한국' 88회, '일본-한국' 77회, '대만-비교' 60회, '개발-한국' 43회, '개혁-한국' 43회, '무역-한국' 43회, '시사점-한국' 43회, '기술-한국' 39회, '경제-무역' 36회, '투자-한국' 35회, '대만-일본' 34회, '현대-한국' 32회, '중공-한국' 29회, '미국-한국' 28회, '금융-한국' 27회 등의 순으로 나타났다.

키워드 동시 출현 횟수와 군집 분석 결과를 종합해 보면, '한국과 대만 산업경제', '한국과 대만(중국) 정책', '한국과 대만(중국) 비교', '한국과 대만(중국) 일본 비교와 시사점', '한국과 대만 기술 투자' 등의 지식구조를 형성하고 있다.

제3절 대만의 한국학 미시 지식 지형도

제3절에서는 대만의 한국학 시기별 지식 지형도를 분석을 토대로 주요 키워드별 지식 지형도를 살펴보고자 한다. 대만의 한국학 거시 지식 지형도에서 살펴 보았듯이, '시사점', '비교', '중공' 등의 키워드별 지식 지형도를 분석해 봄으로써 중국 지역과 대만 지역의 지식 지형도 비교 분석의 실증 데이터로 활용하고자 한다.

1. 대만의 한국학 '중공' 키워드 지식 지형도 분석

'중공' 키워드가 포함된 63편의 논문 데이터는 어떠한 지식 지형도를 형성하고 있는지 살펴보고자 한다. 아래와 같이 경제·경영 관련 분야 40개 키워드가 출현했다.

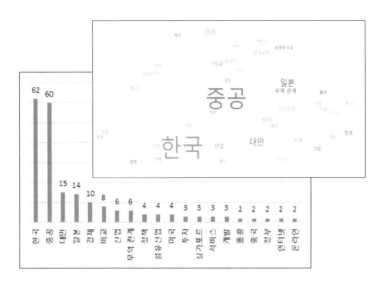

<그림 76> '중공' 키워드 클라우드·분포도

　'중공' 키워드가 포함된 논문 키워드 빈도 분석 결과 '한국' 62회, '중공' 60회, '대만' 15회, '일본' 14회, '경제' 10회, '비교' 8회, '산업' 6회, '무역 관계' 6회, '정책' 4회, '미국' 4회, '투자' 3회 등의 순으로 나타났다.

　동시 출현 횟수 3회 이상 키워드의 연결 정도 중심성 분석 결과를 도식화하면 아래와 같다.

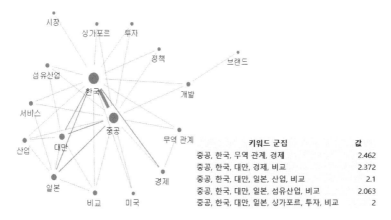

키워드 군집	값
중공, 한국, 무역 관계, 경제	2.462
중공, 한국, 대만, 경제, 비교	2.372
중공, 한국, 대만, 일본, 산업, 비교	2.1
중공, 한국, 대만, 일본, 섬유산업, 비교	2.063
중공, 한국, 대만, 일본, 싱가포르, 투자, 비교	2

<그림 77> '중공' 키워드 연결망 분석·군집 분석

'중공-한국' 58회, '대만-한국' 16회, '대만-중공' 15회, '일본-중공' 13회, '일본-한국' 13회, '경제-한국' 11회, '경제-중공' 10회, '비교-중공' 8회, '비교-한국' 8회, '경제-무역 관계' 6회, '무역 관계-중공' 6회, '무역 관계-한국' 6회, '산업-중공' 6회, '산업-한국' 6회, '대만-비교' 5회 등의 순으로 나타났다.

키워드 동시 출현 횟수와 군집 분석 결과를 종합해 보면, '중공과 한국의 경제 무역 관계', '중공·한국·대만 경제 비교', '중공·한국·대만·일본(섬유) 산업 비교', 중공·한국·대만·일본·싱가포르 투자 비교' 등의 지식구조를 형성하고 있다.

2. 대만의 한국학 '비교' 키워드 지식 지형도 분석

'비교' 키워드가 포함된 170편 논문 데이터는 어떠한 지식 지형도를 형성하고 있는지 살펴보고자 한다. 이들 논문의 주요 키워드를 분석해 보면 '비교'의 맥락적 의미를 보다 명확하게 파악할 수 있다. 아래와 같이 경제·경영 관련 분야 85개 키워드가 출현했다.

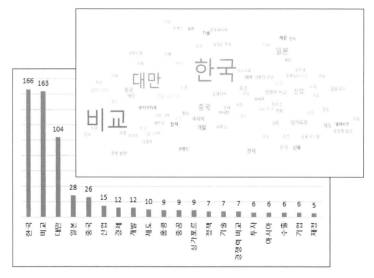

<그림 78> '비교' 키워드 클라우드·분포도

'비교' 키워드가 포함된 논문 키워드 빈도 분석 결과 '한국' 166회, '비교' 163회, '대만' 104회, '일본' 28회, '중국' 26회, '산업' 15회, '경제' 12회, '개발' 12회, '제도' 10회, '홍콩' 9회, '중공' 9회 등의 순으로 나타났다.

동시 출현 횟수 7회 이상 키워드의 연결 정도 중심성 분석 결과를

도식화하면 아래와 같다.

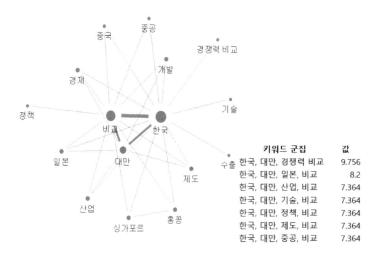

키워드 군집	값
한국, 대만, 경쟁력 비교	9.756
한국, 대만, 일본, 비교	8.2
한국, 대만, 산업, 비교	7.364
한국, 대만, 기술, 비교	7.364
한국, 대만, 정책, 비교	7.364
한국, 대만, 제도, 비교	7.364
한국, 대만, 중공, 비교	7.364

<그림 79> '비교' 키워드 연결망 분석·군집 분석

'비교-한국' 157회, '대만-한국' 108회, '대만-비교' 99회, '일본-한국' 27회, '비교-일본' 25회, '비교-중국' 25회, '중국-한국' 25회, '대만-일본' 23회, '산업-한국' 17회, '경제-한국' 13회, '비교-산업' 13회, '개발-비교' 12회, '개발-한국' 11회, '경제-비교' 11회, '대만-산업' 11회 등의 순으로 나타났다.

키워드 동시 출현 횟수와 군집 분석 결과를 종합해 보면, '대만과 한국의 경쟁력 비교', '한국·대만·일본 비교', '한국·대만 산업 비교', 한국·대만 산업/기술/정책/제도 비교', '한국·대만·중공 비교' 등의 지식구조를 형성하고 있다.

한국과 중국 대륙 간의 관계가 긴밀해지는 상황에서 경제 무역 관계의 경쟁력 비교, 섬유, 서비스 등 관련 산업 분야 대만의 비교 우위를 찾고자 하는 모습을 파악할 수 있다. 더 나아가 일본, 싱가포르, 미국과 비교하고 있다.

3. 대만의 한국학 '시사점' 키워드 지식 지형도 분석

'시사점' 키워드가 포함된 53편 논문 데이터는 어떠한 지식 지형도를 형성하고 있는지 살펴보고자 한다. 아래와 같이 경제·경영 관련 분야 36개 키워드가 출현했다.

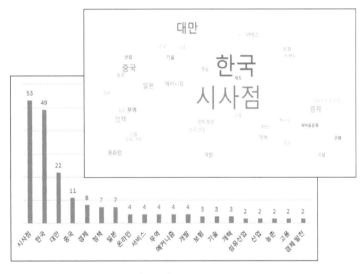

<그림 80> '시사점' 키워드 클라우드·분포도

'시사점' 키워드가 포함된 논문 키워드 빈도 분석 결과 '시사점' 53회, '한국' 49회, '대만' 22회, '중국' 11회, '경제' 8회, '정책' 7회, '일본'

7회, '온라인' 4회, '서비스' 4회, '무역' 4회, '메커니즘' 4회 등의 순으로 나타났다. 동시 출현 횟수 3회 이상 키워드의 연결 정도 중심성 분석 결과를 도식화하면 아래와 같다.

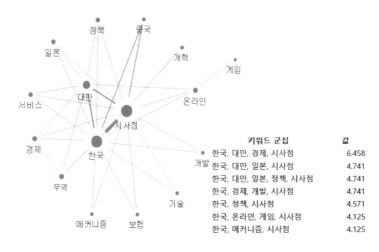

키워드 군집	값
한국, 대만, 경제, 시사점	6.458
한국, 대만, 일본, 시사점	4.741
한국, 대만, 일본, 정책, 시사점	4.741
한국, 경제, 개발, 시사점	4.741
한국, 정책, 시사점	4.571
한국, 온라인, 게임, 시사점	4.125
한국, 메커니즘, 시사점	4.125

<그림 81> '시사점' 키워드 연결망 분석·군집 분석

'시사점-한국' 49회, '대만-시사점' 21회, '대만-한국' 21회, '시사점-중국' 11회, '중국-한국' 11회, '경제-시사점' 8회, '경제-한국' 8회, '시사점-일본' 7회, '시사점-정책' 7회, '일본-한국' 7회, '정책-한국' 7회, '경제-대만' 6회, '개발-시사점' 4회, '게임-온라인' 4회 등의 순으로 나타났다.

키워드 동시 출현 횟수와 군집 분석 결과를 종합해 보면, '한국과 대만 경제 시사점', '한국·대만·일본 시사점', '한국·대만·일본 정책 시사점', 한국 경제 개발 시사점', '한국 정책 시사점', '한국 온라인게임 시사점', '한국 메커니즘 시사점' 등의 지식구조를 형성하고 있다.

한국학 지식 지형도
비교 분석과 확산 모델

◆ 본 장에서는 중국과 대만 지역의 한국학 지식 지형도를 종합 정리하고 두
지역 간 비교 분석을 진행한다. 중국 지역(1991-2020년)과 대만 지역
(1951-2018년)의 시기별 지식 지형도를 비교 분석하고, 보다 구체적인
분석을 위해 키워드별 한국학 지식 지형도 비교 분석을 진행한다. 이를 토대
로 한국학 지식 지형도의 오피니언 리더와 그 확산 모델에 대해 분석한다.

제1절 중국과 대만의 한국학 지식 지형도 비교

제4장은 중국 지역과 대만 지역을 포함한 중국과 대만 한국학 지식 지형도를 종합 정리하고 두 지역 간 비교 분석을 통해 그 차이점을 도출한다. 1951년에서 2018년까지의 전체적 지식 지형도를 비교 분석하고 이러한 거시 지식 지형도에 대한 보다 미시적인 분석을 위해 키워드별 지식 지형도 비교 분석을 진행한다.

중국과 대만 한국학 지식 지형도를 확산 모델을 통해 이론적으로 검증하고 정책 방안 도출을 위한 관련 분석과 논의를 진행한다.

중국과 대만 지역은 한국학 관련 발표 문헌 수와 기간에서 많은 차이가 난다. 중국 지역의 경제경영 분야는 1991-2020년까지 12,258편이 검색되었고, 대만 지역은 전체 분야 모두 포함해서 1951-2018년까지 총 4,014편이 검색되었다. 이를 도식화하면 아래와 같다.

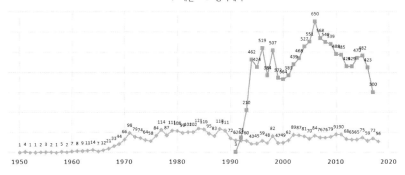

<그림 82> 중국과 대만의 한국학 문헌 연도별 분포도

대만 지역의 4,014편 가운데 '대만'(台湾) 키워드로 총 106편의 논문이 검색되었고, 대만 지역을 각각 '대만지역'(台湾地區) 28회, '중국대만'(中國台湾) 27회, '대만'(台湾) 9회, '대만성'(台湾省) 2회 등으로 표기되었다. 대만 지역 역시 '중국공산당'에서 '중국대륙'이라는 호칭으로 변화되고 있음을 확인할 수 있다.

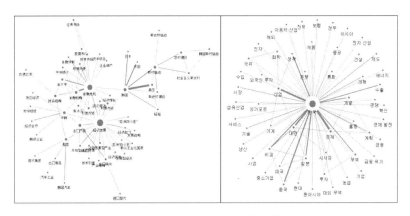

<그림 83> 중국과 대만의 한국학 지식 지형도 비교

중국과 대만의 한국학 시기별 지식 지형도를 비교해 보면 아래와 같다.

<표 28> 중국과 대만의 한국학 지식 지형도 시기별 비교

구분	중국의 지식 지형도
1992-1997년	'아시아 네 마리 용'으로 부상한 신흥공업국가 한국의 경제 발전이 수출주도형 경제 발전 전략을 통해 실현되었음.
1998-2004년	금융기관, 금융시장으로부터 시작된 한국의 금융위기로 부채비율, 재무구조가 악화되고 이는 기업파산으로 이어짐. 이에 대해 김대중 정부의 관련 정책이 시행됨.
2005-2009년	한국의 새마을운동의 성공 사례를 시사점으로 삼아 중국의 사회주의 신 농촌 건설을 추진하고 이를 통해 농촌산업을 발전을 추진함.
2010-2020년	한국 경제 발전, 새마을운동, 기업경영, 문화산업 등의 성공 사례를 통한 시사점 도출과 자유무역협정과 같은 향후 한중 양국의 발전을 위한 시사점을 도출함.
구분	대만의 지식 지형도
1950년대	한국의 관세 제도, 한국의 석탄산업 외에 한국 화교의 경제에 대한 지식구조 형성함.
1960년대	'한국 경제 개발계획', '한국 경제 개발사업', '한국 경제 건설계획', '한국수출 개발사업', '한국의 농업정책', '한국의 기업경영', '한국의 대외무역', '한국 화교의 경제' 등의 지식구조를 형성함.
1970년대	'한국 경제 개발계획', '한국의 경제산업', '한국의 수출정책과 수출제품', '한국의 석유산업', '한국의 화학산업' 등의 지식구조를 형성함.
1980년대	'한국 경제계획', '한국의 경제무역', '한국의 산업정책', '한국의 기계산업', '한국의 석유산업', '한국과 일본 수출 경쟁', '한국과 대만(중국) 비교' 등의 지식구조를 형성함.
1990년대	'한국과 대만 산업', '한국과 중국(대만) 비교', '한국과 대만 일본 비교', '한국 기술개발', '한국의 섬유산업', '한국의 기계산업', '한국의 무역정책' 등의 지식구조를 형성함.
2000-2018년	'한국과 대만 산업경제', '한국과 대만(중국) 정책', '한국과 대만(중국) 비교', '한국과 대만(중국) 일본 비교와 시사점', '한국과 대만 기술투자' 등의 지식구조를 형성함.

이상의 내용을 종합해 보면, 중국의 지식 지형도에서 세 가지의 지식구조와 그 의미를 파악할 수 있다. 즉 한국의 새마을운동 경험을 시

사점으로 삼아 중국 사회주의 신 농촌 건설을 추진하는 지식구조, 한국이 대외지향형 및 노동집약형 수출 산업으로 경제 발전을 이루었다는 지식구조, 한국 경제 발전 과정에서 외자도입으로 금융위기를 맞이했다는 지식구조이다.

대만의 지식 지형도에서 세 가지 지식구조를 확인할 수 있다. 우선, 한국의 경제개발계획과 수출개발사업, 한국의 수출정책과 수출제품 관련 지식구조이다. 두 번째로 석유산업, 화학산업, 기계산업 등 한국 경제 중 특정 산업에 대한 지식구조이다. 세 번째로 한국과 일본의 수출 경쟁, 한국과 대만의 산업경제 비교, 한국과 대만의 정책 비교와 시사점, 한국과 대만 기술 투자 비교 등의 지식구조이다. 대만에서는 한국의 경제 성장과 산업 발전에 대한 시사점을 얻고자 하고 있다. 또한 대만을 한국, 중국, 일본 등의 주변국과 비교를 통해 경쟁 우위를 확보하고자 한다.

제2절 중국의 한국학 지식 확산 모델
   – 새마을운동 사례

중국의 한국학 지식구조 가운데 '새마을운동' 지식구조가 어떻게 생산, 확산되었는지 살펴본다. 이를 위해 '새마을운동' 관련 논문 가운데 상위 10위 논문을 추출했고, CNKI 학술DB에서 제공하는 이들 논문의 2, 3차 피인용 횟수를 파악했다.

<표 29> '새마을운동' 관련 피인용 횟수 상위 논문 리스트

	논문 제목	저자	학술지명	발표	피인용 횟수
1	韩国新村运动的实践及对我国新农村建设的启示	陈昭玖; 周波; 唐卫东; 苏昌平;	农业经济问题	2006	213
2	寻求"另类"发展的范式——韩国新村运动与中国乡村建设	石磊	社会学研究	2004	171
3	韩国的"新村运动"及其启示	韩立民	中国农村观察	1996	121
4	韩国的新村运动	金英姬	当代亚太	2006	105
5	韩国新村运动对农村经济发展的影响	李水山	当代韩国	2001	95

6	韩国的新村运动	李水山	中国改革 (农村版)	2004	81
7	韩国政府在"新村运动"中的作用及其 启示	白雪秋	长春市委 党校学报	2000	65
8	韩国"新村运动"经验及其对中国新农 村建设的启示	杨贤智；骆浩文； 张辉玲	中国农学 通报	2006	57
9	农村公共产品供给的国际经验借鉴— —以韩国新村运动为例	张青	社会主义 研究	2005	57
10	韩国的"新村运动"	吴敬学	中国改革	2005	54

아래 그림은 상위 10위 논문 각각의 2, 3차 피인용 횟수 연도별 분포도다.

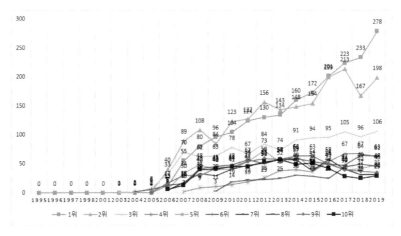

<그림 84> '새마을운동' 상위 논문 2, 3차 피인용 횟수 연도별 분포도

상위 논문일수록 그 피인용 횟수와 영향력이 크다는 것을 확인할 수 있다. 아래 그림은 한국의 새마을운동 관련 논문의 연도별 분포도 와 피인용 횟수 상위 10위 논문의 총 피인용 횟수를 연도별로 도출한 것이다.

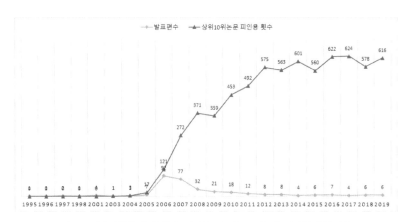

<그림 85> '새마을운동' 상위 논문 연도별 발표 편수와 피인용 횟수 분포도

위 그림을 통해 '새마을운동' 관련 논문이 2005년부터 급격히 생산
되어 2006년 92편으로 가장 많은 논문이 생산되고 2007년부터 그 발
표 편수가 줄어들고 있다. 반면, 상위 10위 논문의 피인용 횟수는 2005
년부터 급격히 상승하다 2009년을 기준으로 다소 주춤한 뒤 완만한 상
승곡선을 그리고 있음을 확인할 수 있다.

이들 논문이 어떤 형태로 2, 3차 피인용되어 확산되었는지 그 유형
을 살펴보면 아래와 같다.

<표 30> '새마을운동' 상위 논문 2, 3차 피인용 유형별 분석

종류	1위	2위	3위	4위	5위	6위	7위	8위	9위	10위
피인용(회)	208	107	94	57	57	53	52	47	46	44
학술논문	617	538	276	76	176	177	124	91	123	169
박사논문	153	133	96	62	66	72	52	31	83	53
석사논문	1284	1308	763	318	401	432	361	201	418	305
중국 학술회의	31	21	16	5	7	8	6	3	7	9
국제 학술회의	2	1	1		1		0			
도서	3	3	2		1		1		1	1

석사논문(5,791편), 학술논문(2,367편), 박사논문(801편), 중국학술회의(113편), 도서(12권), 국제학술회의(5편) 순으로 나타났다. 상위 논문일수록 각 유형별 빈도수와 비례한다는 것을 확인할 수 있다. 특히 상위 1, 2, 3위 논문의 경우 국제학술회의, 도서 유형의 비중이 크다는 것을 확인할 수 있다.

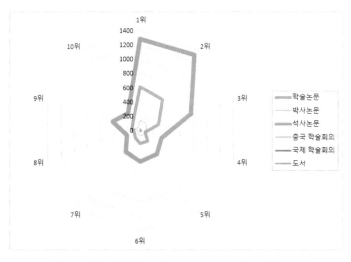

<그림 86> '새마을운동' 상위 논문 2, 3차 피인용 유형별 비교

각 유형별 분포도를 비교해 보면, 석사논문이 가장 많고, 학술논문, 중국학술회의, 국제학술회의, 도서 순임을 확인할 수 있다. 새마을운동 지식의 집단적 확산 결과물이라고 할 수 있는 대표적 도서를 살펴보면 아래와 같다.

2014년 사천대학출판사(四川大学出版社)에서 출판된 심양결(沈良杰)의 '양산이족 빈곤지역의 사회주의 신 농촌건설 모델 연구'(凉山彝族贫

困地区社会主义新农村建设模式研究), 2016년 복단대학출판사(复旦大学出版社)에 출판된 장봉(张峰)의 '완전한 재산권, 혜택 보상 및 사회혜택 조정'(产权残缺、利益补偿与社会利益关系协调), 2016년 동남대학출판사(东南大学出版社)에서 출판된 진이(陈轶)의 '도시-농촌 관계 발전의 이론과 실제'(城乡关系发展理论与实践)가 있다.

이상의 분석 내용을 종합해 보면, 중국의 '새마을운동' 관련 지식구조가 'S형' 곡선 형태로 확산되며 집단적 지식을 형성하고 있음을 확인할 수 있다.

제3절 중국의 한국학 지식 지형도
오피니언 리더 분석

지식 지형도의 오피니언 리더란 지식 생산 이후 관련 지식의 전파·
확산에 주도적인 역할을 하는 주체를 의미한다. 본 연구는 피인용 횟수
를 활용해서 한국학 지식 지형도의 오피니언 리더를 파악하고 그 영향

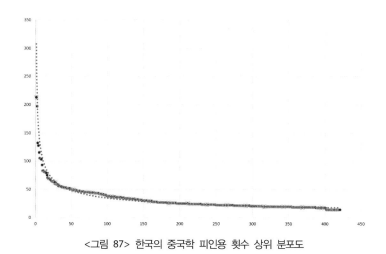

<그림 87> 한국의 중국학 피인용 횟수 상위 분포도

력을 분석한다.

위 그림은 지식 지형도의 상위 피인용 횟수32)를 그래프로 도식화한 것이다. 각각 213회, 197회, 132회, 127회, 115회, 105회, 104회, 103회, 93회 등 순으로 분포되었다. 전체 논문 가운데 최고 213회에서 최소 1회 이상의 피인용 횟수를 기록한 논문은 약 2,000편인 것으로 확인되었다. 위 그림의 곡선은 이러한 분포 추세를 나타내는 것으로 피인용 횟수는 편수가 늘어남에 따라 급격히 줄어들고 있음을 확인할 수 있다. 피인용 횟수 분포도 역시 '멱함수 분포', 즉 많이 인용된 소수의 논문이 계속 인용되어 나타나는 '부익부 빈익빈 현상'이 나타나고 있다.

<표 31> 중국의 한국학 피인용 횟수 상위 논문 리스트

횟수	논문 제목	학술지명	연도
213	金融发展与经济增长之因果关系——中国、日本、韩国的经验	金融研究	2005
197	韩国新村运动的实践及对我国新农村建设的启示	农业经济问题	2006
132	银行竞争与银行数量关系研究——基于韩国、中国和中国台湾的数据	金融研究	2007
127	旅游形象感知模型及其应用研究——以长三角居民对韩国旅游形象感知为例	旅游科学	2007
115	韩国的土地利用规划体系和农村综合开发规划	经济地理	2004
105	韩国的"新村运动"及其启示	中国农村观察	1996
104	韩国的土地征收制度及其借鉴	国土经济	1999
103	商业银行竞争、效率及其关系研究——以韩国、中国台湾和中国大陆为例	中国社会科学	2008
93	韩国新村运动对农村经济发展的影响	当代韩国	2001
83	韩国农民培训的经验及启示	内蒙古农业大学学报	2006

---

32) 피인용 횟수는 시간의 흐름에 따라 변동되는 것인데, 본 연구는 2019년 12월 30일 검색 결과를 반영한 것이다.

83	日本和韩国老年长期护理保险制度比较研究	人口与经济	2013
81	韩国文化产业发展现状	国际资料信息	2005
81	韩国的新村运动	当代亚太	2006
80	韩国的新村运动	中国改革	2004
79	日本、韩国土地规划制度比较与借鉴	中国土地科学	2001
75	日本、韩国住房保障制度及对我国的启示	财经问题研究	2011
70	韩国、日本经验对我国社会主义新农村建设的启示	生产力研究	2006
69	韩国银行开展中小企业信贷业务的实践及其借鉴意义	金融论坛	2006
69	建立中国、中国香港特区、日本、韩国三国四方自由贸易区设想	国际经济评论	2001
68	韩国资产证券化制度研究	财贸经济	2005

위 표는 피인용 횟수 상위 논문 리스트다. 거시적 지식 지형도에서 분석된 내용이 그대로 반영된 것을 확인할 수 있다. 우선 한국의 경제 발전 관련의 '금융발전과 경제성장 간 인과관계 분석-중국, 일본, 한국의 경험(金融发展与经济增长之因果关系——中国、日本、韩国的经验)'이라는 논문이 가장 많은 피인용 횟수를 기록했고, 다음으로 한국의 새마을 운동 관련 '한국의 새마을운동의 실천과 중국 신 농촌 건설의 시사점(韩国新村运动的实践及对我国新农村建设的启示)'이라는 논문이다. 세 번째로, '은행 경쟁과 은행 데이터 수량 관계 연구-한국, 중국, 대만의 데이터를 중심으로(银行竞争与银行数量关系研究——基于韩国、中国和中国台湾的数据)'라는 논문 순서로 분포되었다. 즉 한국의 경제 발전, 금융기관, 새마을운동 관련 주제를 중심으로 중국과의 비교를 통해 그 시사점을 제시하는 연구임을 확인할 수 있다.

아래 피인용 횟수 상위 500편 논문의 학술지, 저자, 기관별 분포도와 전체 논문의 해당 분포도를 비교 분석하고 그 함의를 도출하고자 한다.

<표 32> 중국의 한국학 전체·상위 500위 논문의 저자별 분포도

전체 논문	편수	상위 500위	편수
吴莲姬	38	**李水山**	**8**
伍浩松	33	马耀峰	5
詹小洪	27	强百发	4
钱伯章	25	**金钟范**	**4**
李水山	**23**	朴英爱	3
庞晓华	18	刘洪滨	3
金钟范	**18**	吴慧	3
新馨	16	张佑印	3
孙红芹	16	李辉	3
金英姬	16	高春兰	3
高浩荣	16	黄隽	3
佟联	16	李励年	2
金承权	16	崔振东	2
李相文	16	朱小静	2
王志刚	15	潘伟光	2
思泓	15	张宏梅	2
韩正忠	14	于鹏	2
张玉山	14	金刚杰	2
张英	14	蓝庆新	2

위 표의 굵은체로 표시한 이수산(李水山)과 김종범(金钟范) 두 저자를 제외하면 양쪽에 속하는 저자가 없음을 확인할 수 있다. 이는 논문 발표 수와 그 피인용 횟수 간 상관 관계가 있지 않음을 보여준다. 중국 교육부 중앙교육과학연구소(教育部中央教育科学研究所) 소속인 이수산(李水山)은 총 23편의 논문을 발표했으며, 그 가운데 피인용 횟수 상위 500위에 8편이 포함되어 최상위를 기록했다.

상해재경대학 재경연구소(上海财经大学财经研究所) 소속인 김종범(金钟范)은 총 18편의 논문을 발표했으며, 그 가운데 피인용 횟수 상위

500위에 4편이 포함되었다. 이 두 필자의 경우 논문 발표 수와 피인용 횟수를 통해 이 두 사람이 영향력이 크다는 것을 확인할 수 있다.

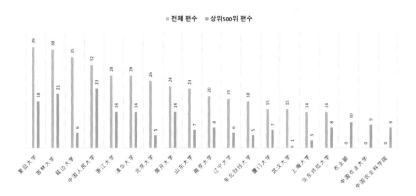

■ 전체 편수　■ 상위500위 편수

<그림 88> 중국의 한국학 전체·상위 500위 논문 기관별 분포도

위의 기관별 분포도를 살펴보면, 복단대학(复旦大学)(39/18편), 길림대학(吉林大学)(38/21편), 연변대학(延边大学)(35/6편), 중국인민대학(中国人民大学)(32/23편), 절강대학(浙江大学)(28/14편), 청화대학(清华大学)(28/14편), 북경대학(北京大学)(26/5편), 남개대학(南开大学)(24/14편), 산동대학(山东大学)(23/7편), 남경대학(南京大学)(20/8편), 요녕대학(辽宁大学)(19/6편), 동북재경대학(东北财经大学)(18/5편), 하문대학(厦门大学)(15/7편), 무한대학(武汉大学)(15/1편), 상해대학(上海大学)(14/3편), 화동사범대학(华东师范大学)(14/8편) 등의 순으로 분포되었다. 기관별 논문 발표 수와 피인용 횟수 간 편차가 있음을 확인할 수 있다. 즉 위 분포도의 앞뒤 막대 그래프 크기 차이가 큰 것을 살펴보면, 연변대학(延边大学)(35/6편), 북경대학(北京大学)(26/5편), 무한대학(武汉大学)(15/1

편) 등이다.

또한 농업 관련 기관 농업부(农业部)(0/10편), 중국농업대학(中国农业大学)(0/9편), 중국농업과학원(中国农业科学院)(0/8편) 등의 경우 피인용 횟수에서 상위에 분포되었음을 확인할 수 있다. 한국학 지식 지형도 연구 분석 결과 가운데 '한국의 새마을운동과 중국의 사회주의 신 농촌 건설' 지식구조 형성에 농업 관련 기관의 영향력이 크게 작용했음을 짐작할 수 있는 부분이다.

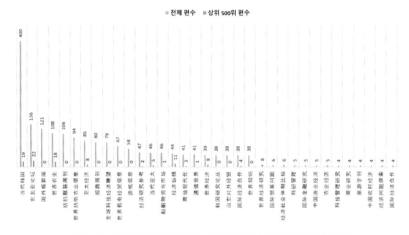

<그림 89> 중국의 한국학 전체·상위 500위 논문 학술지별 분포도

위 학술지별 분포도를 살펴보면, 당대한국(当代韩国)(400/19편), 동북아논단(东北亚论坛)(136/22편), 국외핵신문(国外核新闻)(121/0편), 세계농업(世界农业)(108/18편), 방직의류주간(纺织服装周刊)(106/0편), 세계열대농업정보(世界热带农业信息)(94/0편), 아태경제(亚太经济)(85/8편), 기업주간(招商周刊)(80/0편), 글로벌과기경제전망(全球科技经济瞭望)(79/0편),

세계기전경제무역정보(世界机电经贸信息)(67/0편), 제지정보(造纸信息)(58/0편), 경제연구참고(经济研究参考)(47/2편), 당대아태(当代亚太)(46편/5편), 선박물자시장(船舶物资与市场)(46/1편), 경제종횡(经济纵横)(44/11편), 상점현대화(商场现代化)(41/3편), 통신세계(通信世界)(41/1편) 등의 순으로 나타났다.

위 분포도의 앞뒤 막대 그래프 크기 차이가 큰 것, 즉 학술지별 논문 발표 수와 피인용 횟수 간 편차가 전반적으로 매우 큰 것을 확인할 수 있다. 특히 국외핵신문(国外核新闻)(121/0편), 세계농업(世界农业)(108/18편), 방직의류주간(纺织服装周刊)(106/0편), 세계열대농업정보(世界热带农业信息)(94/0편), 아태경제(亚太经济)(85/8편), 기업주간(招商周刊)(80/0), 글로벌과기경제전망(全球科技经济瞭望)(79/0편), 세계기전경제무역정보(世界机电经贸信息)(67/0편), 제지정보(造纸信息)(58/0편) 등의 학술지는 상위 500위에 하나도 분포되지 않았다. 반면, 세계경제연구(世界经济研究)(0/8편), 국제무역문제(国际贸易问题)(0/6편), 경제사회체제비교(经济社会体制比较)(0/6편), 과학연구관리(科研管理)(0/5편), 국제금융연구(国际金融研究)(0/5편), 중국어업경제(中国渔业经济)(0/5편), 농업경제(农业经济)(0/5편), 과기관리연구(科技管理研究)(0/4편), 상업연구(商业研究)(0/4편), 관광학술지(旅游学刊)(0/4편), 중국농업경제(中国农村经济)(0/4편), 경제문제탐색(经济问题探索)(0/4편), 국제경제협력(国际经济合作)(0/4편) 등의 학술지는 전체 논문에서 상위에 포함되지 않았지만 피인용 횟수에서 상위에 분포되었다.

이상의 분포도 비교를 통해, 발표 편수와 그 피인용 횟수가 직접적 상관 관계에 있지 않음을 확인할 수 있다. 물론 발표 편수가 많으면서 피인용 횟수에서 상위에 분포된 경우 해당 분야의 오피니언 리더로 그 영향력을 발휘하고 있음을 확인할 수 있었다.

제4절 한국연구기금 지원 논문에 대한 분석

중국 지역 학술DB CNKI에서 한국 유관 기관의 연구비 지원을 받은 논문 62편을 검색했다. 연도별 분포도를 살펴보면 아래와 같다.

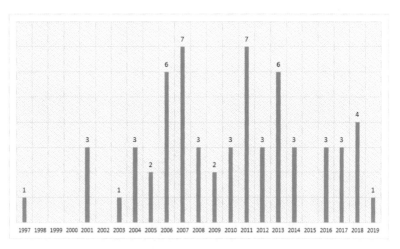

<그림 90> 한국연구기금 지원 논문 연도별 분포도

1997년 1편, 2001년 3편, 2003년 1편, 2004년 3편, 2005년 2편, 2006년 6편, 2007년 7편, 2008년 3편, 2009년 2편, 2010년 3편, 2011년 7편, 2012년 3편, 2013년 6편, 2014년 3편, 2016년 3편, 2017년 3편, 2018년 4편, 2019년 1편으로 나타났다. 기관별로 분류해 보면 아래와 같다.

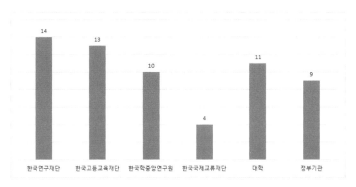

<그림 91> 한국연구기금 지원 논문 기관별 분포도

한국연구재단이 14편으로 가장 많았고, 한국고등교육재단 13편, 대학 11편, 한국학중앙연구원 10편, 중앙 및 지방정부기관 9편, 한국국제교류재단 4편 순으로 나타났다. 중앙 및 지방정부기관은 한국교육인적자원부 2편, 광주 전남개발원 1편, 한국농촌경제연구원(KREI) 1편, 해양수산부 1편, 한국 농어촌연구소 2편, 한국 산림청 2편으로 나타났다. 대학으로는 전남도립대, 창원대학교, 전북대학교, 광운대학교, 서울대학교 각각 1편, 남서울대학교 2편, 동아대학교 4편으로 나타났다.

이들 한국연구기금 지원 수혜기관은 총 53개로 나타났는데, 이 가운데 한국기관 23개, 중국 22개, 호주 1개 기관(멜버른 대학교)으로 나타났다. 아래 상위 기관의 분포도다.

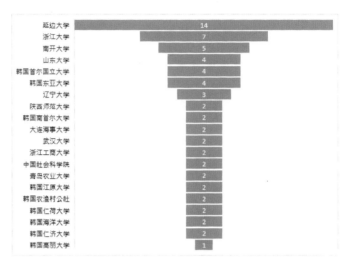

<그림 92> 한국연구기금 지원 논문 상위 기관 분포도

연변대학교(延边大学)가 14편으로 가장 많았고, 절강대학교(浙江大学) 7편, 남개대학교(南开大学) 5편, 산동대학교(山东大学), 서울대학교(韩国首尔国立大学), 동아대학교(韩国东亚大学) 각각 4편, 요녕대학교(辽宁大学) 3편, 섬서사범대학교(陕西师范大学), 남서울대학교(韩国南首尔大学), 대련해양대학교(大连海事大学), 무한대학교(武汉大学), 절강상공대학교(浙江工商大学), 중국사회과학원(中国社会科学院), 청도농업대학교(青岛农业大学), 강원대학교(韩国江原大学), 한국농어촌 공사(韩国农渔村公社), 인하대학교(韩国仁荷大学), 한국해양대학교(韩国海洋大学), 인제대학교(韩国仁济大学) 각각 2편, 고려대학교(韩国高丽大学) 1편 등으로 나타났다. 한국어과와 한국연구소가 있으며 조선족 집거지에 위치한 연변대학교가 가장 많이 분포되어 있음을 확인할 수 있다. 이는 2위 절강대의 2배에 달한다.

한편, 본 연구는 경제·경영 분야 전체 논문 가운데 소속 기관에서
'한국'(韓国), '조선'(朝鮮) 키워드로 656편의 논문을 검색했다. 이를 통
해 어떤 기관이 얼마의 논문을 생산했는지 파악하여 한국연구기금 지
원 논문과 비교해 보았다. 656편의 논문에서 중국과 한국의 총 399개
의 소속 기관을 도출했으며 그 상위 분포도를 살펴보면 아래와 같다.

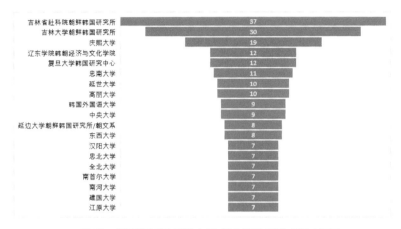

<그림 93> 한국연구기금 지원 논문 한국 관련 기관 상위 분포도

길림성 사회과학원(吉林省社会科学院) 조선한국연구소 37편으로 가장
많았고, 길림대학(吉林大学) 조선한국연구소 30편, 경희대학(庆熙大学)
19편, 요동대학(辽东学院) 한국조선경제·문화대학 12편, 복단대학(复
旦大学) 한국연구센터 12편, 충남대학(忠南大学) 11편, 연세대학(延世
大学) 10편, 고려대학(高丽大学) 10편, 한국외국어대학(韩国外国语大学)
9편, 중앙대학(中央大学) 9편, 연변대학(延边大学) 조선한국연구소/조
선어과 8편 등의 순으로 나타났다.

이는 한국연구기금 지원 상위기관 분포도와 많이 다름을 확인할 수

있다. 길림성 사회과학원이 가장 많은 연구를 진행했고 길림대, 복단대 등의 순으로 나타난 반면, 한국연구기금은 연변대학교가 가장 많았고, 절강대학교, 남개대학, 산동대학교 등의 순으로 나타났다.

한국연구기금 지원을 받은 총 98명의 저자별 분포도를 살펴보면 아래와 같다.

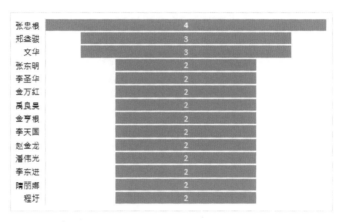

<그림 94> 한국연구기금 지원 논문 저자별 분포도

장충근(张忠根) 4편으로 가장 많았고, 정익준(郑益骏), 문화(文华) 각 각 3편, 장동명(张东明), 이성화(李圣华), 김만홍(金万红), 우양호(禹良昊), 김형근(金亨根), 이천국(李天国), 조금용(赵金龙), 반위광(潘伟光), 이동진(李东进), 수려나(隋丽娜), 정우(程圩) 각각 2편 순으로 나타났다.

정익준(郑益骏) 동아대 교수와 김형근(金亨根) 인하대 교수 2명을 제외하고 모두 중국 학자다. 4편으로 가장 많이 발표한 장충근(张忠根) 교수는 절강대 교수로 서울대 방문학자를 역임한 바 있으며 주로 농촌 관련 연구를 진행하고 있다. 3편의 문화(文华)[33] 교수는 연변대 교수로 조선족이다. 한국 충남대학교에서 박사학위를 했으며, 인하대학교 국제통상학과 방문학자를 역임한 바 있다.

전체 62편 논문 가운데 28편 논문이 단독 저자, 23편 논문이 2인 공동 저자, 11편 논문이 3인 이상 공동 저자로 나타났다.

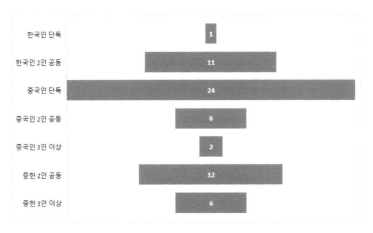

<그림 95> 한국연구기금 지원 논문 협업 유형 분석

전체 유형 가운데 중국인 저자가 32편(50%)으로 가장 많았고, 한국 학자와 중국 학자 협업이 18편(30%), 한국인 저자 12편(20%) 순으로 나타났다. 중국인 저자 32편은 다시 중국인 단독 저자 유형이 24편, 중국인 2인 공동 저자 6편, 중국인 3인 이상 공동 저자 2편으로 세분화되었다. 중국의 한국학 가운데 656편의 한중 협업 유형을 살펴보면 한국인

---

33) 문화(文华) 교수 관련 정보는 아래와 같다. 1978年出生, 朝鲜族, 籍贯: 延吉市。学历: 2001年毕业于延边大学人文社会科学学院英语教育专业；2001年9月至2004年7月, 在延边大学经济系攻读中国少数民族经济硕士；2005年3月至2010年2月, 在韩国国立忠南大学攻读国际贸易专业博士。2011年3月至现在, 在延边大学经济管理学院任教。2018年3月至2018年8月, 在韩国仁荷大学国际通商学科做访问学者。

발표 345편(50%), 한중 공동 발표 122편(20%), 중국의 한국 관련 기관 189편(30%)으로 나타났다.

이상의 연구 결과를 비교해 보면, 한국연구기금 지원의 경우 중국인 연구자가 50%로 가장 많은 반면, 중국의 한국학은 한국인 연구자가 50%로 가장 많았다. 한중 공동 연구의 경우는 각각 30%, 20%로 다소 차이를 보였다.

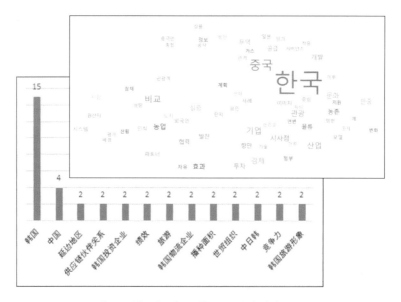

<그림 96> 한국연구기금 지원 논문 상위 키워드 분포도

총 250개 키워드 가운데, 2회 이상 출현한 상위 13개 키워드 분포도를 살펴보면 위와 같다. 특정 주제의 연구가 아닌 다양한 주제로 연구되었음을 추론할 수 있다. 총 62편의 키워드 데이터 사이즈가 크지 않기 때문에 논문 제목에서 222개의 키워드를 추가로 추출했다. 그 가운데 2회 이상 출현한 68개 키워드 클라우드는 위와 같다.

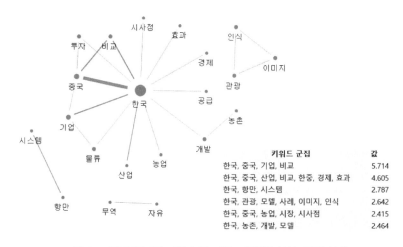

키워드 군집	값
한국, 중국, 기업, 비교	5.714
한국, 중국, 산업, 비교, 한중, 경제, 효과	4.605
한국, 항만, 시스템	2.787
한국, 관광, 모델, 사례, 이미지, 인식	2.642
한국, 중국, 농업, 시장, 시사점	2.415
한국, 농촌, 개발, 모델	2.464

<그림 97> 한국연구기금 지원 논문 키워드 연결망 분석·군집 분석

　'기업-한국' 9회, '비교-중국' 8회, '비교-한국' 8회, '산업-한국' 6회, '시스템-항만' 6회, '관광-이미지' 5회, '관광-인식' 5회, '기업-중국' 5회, '농업-중국' 5회, '시사점-한국' 5회, '이미지-인식' 5회, '중국-투자' 5회, '한국-투자' 5회, '개발-농촌' 4회 등의 순으로 나타났다.

　키워드 동시 출현 횟수와 군집 분석 결과를 종합해 보면, '한국과 중국 기업 비교', '한국과 중국 산업 비교 및 한중경제 효과', '한국 항만 시스템', 한국관광 모델 이미지 인식', '한국과 중국 농업시장 시사점',

'한국 농촌 개발 모델' 등의 지식구조를 형성하고 있다.

<표 33> 중국의 한국학 한국연구기금 지원 논문의 한중협업 유형

피인용 횟수	논문 제목	한중협업
133	旅游形象感知模型及其应用研究——以长三角居民对韩国旅游形象感知为例	중중
124	韩国的土地利用规划体系和农村综合开发规划	중한
80	原产国效应与原产地效应的实证研究——中韩比较	한중중
66	中韩两国水果业生产成本及价格竞争力的比较——基于苹果、柑橘的分析	중
51	中日韩FTA的潜在经济影响研究——基于动态递归式CGE模型的研究	한중
38	韩国网络治理现状及启示	중한
31	中日韩循环经济政策比较研究	중중중
31	中日韩农产品贸易关系及其对三国建立自由贸易区的影响	중중한
23	中韩新能源产业合作的经济效应实证研究	한한중
23	子女教育对韩国妇女就业影响的实证研究——基于8700户家庭的调查	한중
22	市场开放中的韩国农业结构调整及其对我国的启示	중중
21	不同利益细分主体对韩国旅游形象感知差异研究	중중중
18	中韩两国消费者搜寻信息努力的比较研究	중한
16	韩国农村发展模式新探索	한중

피인용 횟수 상위 논문의 상당수가 중국인과 한국인 학자 간 협업으로 진행되었음을 확인할 수 있다. 한편, 중국인 학자들로만 발표된 논문을 분석해 보면, 이들이 한국 방문학자를 역임한 바 있는 공통된 특징이 있다. 우선, 133회로 가장 많은 피인용 횟수를 기록한 '관광 이미지 인식 모델 및 응용 연구 : 양쯔강 삼각주의 주민들의 한국 여행 이미지 사례를 중심으로(旅游形象感知模型及其应用研究——以长三角居民对韩国旅游形象感知为例)' 논문은 '장강 삼각주 주민의 한국 관광 이미지 감지 연구'(长三角居民对韩国旅游形象感知研究) 주제로 전남도립대와의 공

동 협력 과제다. 66회 피인용 횟수를 기록한 '중국과 한국 과일 산업의 생산원가와 가격경쟁력 비교—사과와 감귤 분석을 바탕으로(中韩两国水果业生产成本及价格竞争力的比较——基于苹果、柑橘的分析)' 논문은 한국고등교육재단 지원 과제로 중한 농산품 국제 경쟁력 비교(中韩农产品国际竞争力比较) 연구 과제의 부분 성과다. 논문 저자는 한국농촌경제연구원의 방문학자를 역임한 바 있다.

31회 피인용 횟수를 기록한 '중일한의 순환 경제 정책 비교 연구(中日韩循环经济政策比较研究)' 논문은 한국고등교육재단 지원 과제다. 22회 피인용 횟수를 기록한 '시장 개방에서의 한국농업 구조조정이 중국에 주는 시사점(市场开放中的韩国农业结构调整及其对我国的启示)' 논문은 한국고등교육재단 지원 과제로 서울대 방문학자를 진행한 바 있는 장충근(张忠根) 교수가 집필했다. 21회 피인용 횟수를 기록한 '다양한 이익 관계자의 한국 관광 이미지 인식 차이 연구(不同利益细分主体对韩国旅游形象感知差异研究)' 논문은 전남도립대 공동협력 과제로 피인용 횟수 133회를 기록한 저자들이 참여했다.

제5절 '한국의 한국학'과 '새로운 한국학' 지식 지형도 비교[34]

'한국학'을 '한국에 관한 지식의 체계'(Kim, 2003)라는 측면에서 이상의 연구 결과를 통해 중국에서의 '한국학'에 대한 지식구조를 확인할 수 있다. 한국 이외의 지역인 중국에서의 한국학 지식구조를 '타자 인식' 한국학으로 본다면, 한국에서 논의된 한국학 지식구조를 '주체 인식' 한국학으로 볼 수 있다. 한국에서 한국학 지식구조가 어떻게 형성되어 있는지를 파악하고, 타지역과 비교 분석함으로써 '한국학'이란 무엇인가에 대한 정체성 모색이 가능할 것이다. 따라서 '한국의 한국학'과 '중국의 한국학'의 상호 연결성 파악과 비교 연구가 진행될 필요가 있다.

관련 선행 연구들은 대부분 국내외 출판 자료 현황이나 주요 연구 성과 고찰 등 질적 내용 분석 위주로 진행되었고, 계량 서지학적인 방

---

34) 본 내용은 2020년 11월 28일 중국학연구회 제113차 정기학술대회 발표 자료를 수정·보완한 것임을 밝힌다.

법을 적용한 지식구조 연구(송민선 외, 2015; 김혜진, 2020)도 일부 진행되었다.

대표적으로 송민선 외(2015) 연구는 학술지 논문 데이터를 대상으로 계층적 군집 분석을 적용해 한국의 한국학 지식구조를 구성하는 연구 영역을 분석했다. 이 연구는 KCI(한국학술지인용색인) 한국학 관련 학술지 중 2011-2013년도 기준 3년 치 평균 Impact Factor 값이 0.5 이상이며, 2004년부터 2013년까지의 10년 치 누적 논문 데이터를 갖고 있는 14종의 학술지에 수록된 논문 중 한글 저자 키워드 데이터가 포함되어 있는 3,800편을 분석하였다.

김혜진(2020) 연구는 문헌 동시 인용 분석을 통한 한국학 지식구조를 파악하고자 했다. 이를 위해서 SCOPUS 데이터베이스에서 'Korea' 또는 'Korean'이라는 단어를 키워드로 포함하고 있는 인문·사회 분야 문헌 10,929건을 대상으로 관련 분석이 진행된 바 있다.

이상의 선행 연구를 토대로 본 연구는 2019년 KCI 영향력 지수[35] 상위 한국학 학술지의 학술 논문과 한국학의 세계화를 추진하는 한국학중앙연구원(이하 '한중연') 한국학진흥사업의 관련 데이터(2020년 9월 3일 기준)를 대상으로 키워드 연결망 분석을 활용해 그 지식구조를 도출하고자 했다. 상위 한국학 학술지의 피인용 횟수 10회 이상의 논문을 대상으로 했다는 점과 한중연 한국학진흥사업 관련 데이터를 분석했다는 점에서 선행 연구와의 차이가 있다. 이를 토대로 한국에서 어떠한 지식구조를 형성하고 있는지와 한국학의 세계화를 추진하는 주체

---

[35] 한국학술지인용색인(KCI) 영향력 지수로, 특정 기간 동안 한 학술지에 수록된 하나의 논문이 다른 논문에 인용된 평균횟수로 동일 분야 저널의 상대적 중요성을 비교 평가하는 방법을 제공한다.

기관에서는 어떠한 '새로운 한국학'36)의 지식구조를 형성하고 있는지를 비교 분석하고자 한다.

이를 바탕으로 '중국의 한국학', '한국의 한국학', '새로운 한국학'의 지식구조 상호 비교를 통해 한국학 세계화 진흥을 위한 정책적 방안을 모색하고자 한다.

2019년 KCI 영향력 지수를 토대로 6개의 학술지를 선정했다. 이들 학술지는 인하대학교 한국학연구소『한국학연구』, 성균관대학교 대동문화연구원의『대동문화연구』, 한국학중앙연구원의『한국학』, 국민대학교 한국학연구소의『한국학논총』, 연세대학교 국학연구원의『동방학지』, 고려대학교 세종캠퍼스 한국학연구소의『한국학연구』다. 상세한 사항은 아래 표와 같다.

<표 34> 한국의 한국학 학술지 피인용 횟수 상위 논문 데이터

회호	학술지명	영향력 지수	총 논문	창간	발행 간기	분석 논문
1	한국학연구	0.89	624편	1989년	연 4회	37편
2	대동문화연구	0.67	930편	1963년	연 4회	202편
3	한국학	0.83	777편	1978년	연 4회	118편
4	한국학논총	0.83	400편	1978년	연 2회	16편
5	동방학지	0.95	707편	1954년	연 4회	149편
6	한국학연구	0.61	530편	1988년	연 4회	81편

---

36) 한국학진흥사업단 홈페이지 소개에 따르면, 본 사업단은 인문, 사회, 자연과학 및 예술을 망라한 '새로운 한국학'의 지평을 열어, '한국학의 세계화'에 이바지하고 있다. 이를 위해 국내외 한국학 연구 및 교육 인프라 구축, 한국학 대중화, 연구성과 학산 등 다각적인 사업을 지원하고 있다(http://ksps.aks.ac.kr/hpjsp/hmp/bizguide/koreanstudy purpose.jsp).

상위 6개 학술지의 총 3,968편 가운데 피인용 횟수 10회 이상 603편의 논문을 분석 대상으로 선정했다.

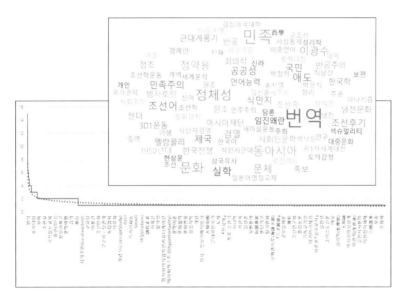

<그림 98> 한국의 한국학 학술지 상위 논문 키워드 분포도 · 클라우드

603편의 논문 총 3,361개 키워드 가운데 3회 이상 출현한 94개 키워드를 추려냈다. 이를 도식화하면 위와 같다. 키워드 출현 빈도가 종형(鐘形)의 정규 분포를 따르지 않고 한쪽으로 치우친 멱함수 분포를 띤다는 지프의 법칙이 나타나고 있음을 확인할 수 있다.

논문 키워드 빈도 분석 결과 '번역' 15회, '민족' 11회, '문화' 8회, '정체성' 8회, '동아시아' 8회, '애도' 6회, '조선어' 6회, '이광수' 6회, '실학' 6회, '정약용' 6회, '식민지' 5회, '민족주의' 5회 등의 순으로 나타났다.

동시 출현 횟수 2회 이상 키워드의 연결 정도 중심성 분석 결과를

도식화하면 아래와 같다.

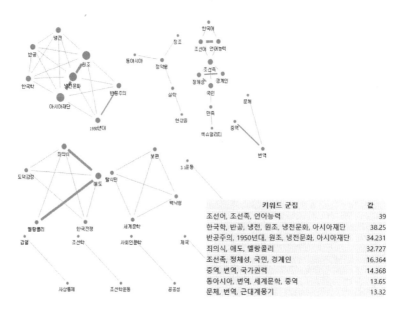

키워드 군집	값
조선어, 조선족, 언어능력	39
한국학, 반공, 냉전, 원조, 냉전문화, 아시아재단	38.25
반공주의, 1950년대, 원조, 냉전문화, 아시아재단	34.231
죄의식, 애도, 멜랑콜리	32.727
조선족, 정체성, 국민, 경계인	16.364
중역, 번역, 국가권력	14.368
동아시아, 번역, 세계문학, 중역	13.65
문체, 번역, 근대계몽기	13.32

<그림 99> 한국의 한국학 학술지 상위 키워드 연결망 분석·군집 분석

'조선어-언어능력' 4회, '원조-냉전문화' 4회, '원조-아시아재단' 4회, '냉전문화-아시아재단' 4회, '죄의식-애도' 4회, '애도-멜랑콜리' 4회, '국민-정체성' 4회, '번역-중역' 3회, '정체성-경계인' 3회, '제국-식민지' 2회, '민족-국민' 2회 등의 순으로 나타났다.

키워드 동시 출현 횟수와 군집 분석 결과를 종합해 보면, '조선족의 조선어 언어능력', '냉전 시기 반공 한국학', '조선족의 정체성, 국민 경계인', '동아시아 세계문학 번역과 중역', '근대계몽기 번역 문제' 등의 지식구조를 형성하고 있다.

한국학을 진흥하기 위해 설립된 한중연의 한국학 관련 사업을 아래와 같이 검색 정리했다.

<표 35> 한중연 한국학 사업 과제 데이터

사업명	지원 과제
한국학총서	166회
한국학분야 토대연구지원	89회
한국학기초자료사업	116회
한국학사전편찬	24회
한국학세계화랩	27회

한국학 총서 사업에서 166개, 한국학 분야 토대연구지원 사업에서 89개, 한국학 기초자료 사업 116개, 한국학 사전편찬 24개, 한국학 세계화랩 27개 등 총 422개의 과제명에서 840개의 명사를 추려냈다. 그 가운데 4회 이상의 110개 키워드를 대상으로 한 워드 클라우드와 분포도는 아래와 같다.

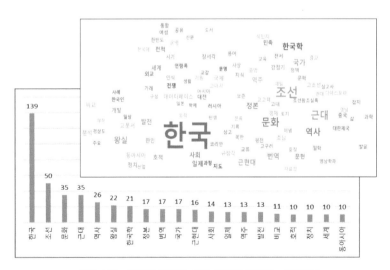

<그림 100> 한중연 한국학 사업 키워드 분포도 · 클라우드

과제 키워드 빈도 분석 결과 '한국' 139회, '조선' 50회, '문화' 35회, '근대' 35회, '역사' 26회, '왕실' 22회, '한국학' 21회, '정본' 17회, '번역' 17회, '국가' 17회, '근현대' 16회, '사회' 14회, '일제' 13회, '역주' 13회 등의 순으로 나타났다.

동시 출현 횟수 6회 이상 키워드의 연결 정도 중심성 분석 결과를 도식화하면 아래와 같다.

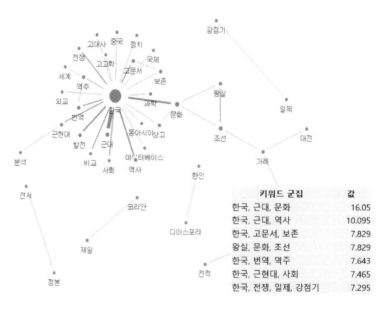

키워드 군집	값
한국, 근대, 문화	16.05
한국, 근대, 역사	10.095
한국, 고문서, 보존	7.829
왕실, 문화, 조선	7.829
한국, 번역, 역주	7.643
한국, 근현대, 사회	7.465
한국, 전쟁, 일제, 강점기	7.295

<그림 101> 한중연 한국학 사업 키워드 연결망 분석·군집 분석

'근대-한국' 26회, '문화-한국' 14회, '역사-한국' 13회, '발전-한국' 12회, '왕실-조선' 10회, '고문서-한국' 9회, '비교-한국' 9회, '사회-한국' 9회, '근현대-한국' 8회, '번역-한국' 8회, '강점기-일제' 7회 등의 순

으로 나타났다.

키워드 동시 출현 횟수와 군집 분석 결과를 종합해 보면, '한국 근대 문화', '한국 근대 역사', '한국 고문서 보존', '조선 왕실 문화', '한국 번역 역주', '한국 근현대 사회', '일제강점기와 한국전쟁' 등의 지식구조를 형성하고 있다.

<표 36> 한국의 한국학과 새로운 한국학 지식구조 비교도

분류	한국의 한국학	새로운 한국학
지식구조	'조선족의 조선어 언어능력', '냉전 시기 반공 한국학', '조선족의 정체성, 국민 경계인', '동아시아 세계문학 번역과 중역', '근대계몽기 번역 문제' 등의 지식구조를 형성함.	'한국 근대 문화', '한국 근대 역사', '한국 고문서 보존', '조선왕실 문화', '한국 번역 역주', '한국 근현대 사회', '일제강점기와 한국전쟁' 등의 지식구조를 형성함.

이상의 분석 결과를 종합해 보면, 한국의 한국학과 새로운 한국학은 대체로 성리학과 실학 중심의 유교 사상에 관한 연구, 한반도의 분단 체제를 둘러싼 정치 관련 연구, 그리고 일제 강점기에서 근현대사 연구 등으로 나타났다(송민선 외, 2015). 하지만 새로운 한국학 가운데 한국학 세계화 랩 주제는 국제 비교 관점에서 학제적, 포괄적인 사회과학적 한국학 지식구조를 보이고 있다.

연구 지역에 따른 한국학을 접하는 태도와 방식이 상이하고, 그 개념과 의미가 다르게 해석될 수 있음에도 한국의 한국학은 여전히 국학의 정서적 주관성을 벗어나지 못하고 있다(전성운, 2010). 이에 한국학의 발전과 세계화를 위해 한국의 안과 밖에서 진행 중인 다차원적이고 다중 스케일적인 한국학의 속성을 이해해야 한다고 지적한다(백영서, 2009).

제5장

결론 및 정책적 제안

- 본 장에서는 이상의 연구 결과를 종합 정리하고 이를 토대로 몇 가지 정책적 방안을 제시한다. 특히 중국 내 집단적 지식으로 확산된 '새마을운동' 지식구조를 한국학의 세계화를 위한 중요한 사례로 제시한다. 또한 '중국의 한국학' 지식구조와 '한국의 한국학' 지식구조의 비교 분석을 통한 관련 시사점을 제시한다.

제1절 연구 결과

1. 중국과 대만의 한국학 지식 지형도

본 연구는 중국과 대만 지역에서 한국을 어떻게 인식하고 있는지에 대한 문제로부터 시작했다. 이를 위해 중국과 대만 지역의 대표적 학술 DB에서 경제·경영 분야 한국학에 대한 전체 키워드를 추출하여 중국과 대만의 한국학 지식 지형도를 도출하고자 했다. 이 두 지역에서 한국을 인식하기 위해 존재하는 관련 지적 활동과 그 결과물이라 할 수 있는 학술논문 속의 핵심 키워드와 그 키워드들이 어떻게 상호 연결되어 있는지 그 지식구조를 파악하고자 했다. 이를 위해 1991년에서 2020년까지의 경제·경영 분야 12,258편 논문(중국), 1951년에서 2018년까지의 4,014편 논문(대만)을 대상으로 한 데이터 분석을 통해 한국학 지식 지형도를 파악했다.

중국의 지식 지형도에서 세 가지의 지식구조와 그 의미를 파악할 수 있었다. 즉 한국의 새마을운동 경험을 시사점으로 삼아 중국 사회주의 신 농촌 건설을 추진하는 지식구조, 한국의 대외 지향형 및 노동집약형 수출산업으로 경제 발전을 이루었다는 지식구조, 한국 경제 발전 과정에서 외자도입으로 금융위기를 맞이했다는 지식구조이다.

대만의 지식 지형도에서 세 가지 지식구조를 확인할 수 있었다. 우선, 한국의 경제개발계획과 수출개발사업, 한국의 수출정책과 수출제품 관련 지식구조이다. 두 번째로 석유산업, 화학산업, 기계산업 등 한국 경제 중 특정 산업에 대한 지식구조이다. 세 번째로 한국과 일본의 수출 경쟁, 한국과 대만의 산업경제 비교, 한국과 대만의 정책 비교와 시사점, 한국과 대만 기술 투자 비교 등의 지식구조이다. 결론적으로, 대만에서는 한국의 경제 성장과 산업 발전에 대한 시사점을 얻고자 했다. 또한 대만을 한국, 중국, 일본 등의 주변국과 비교를 통해 경쟁 우위를 확보하고자 했다.

이러한 양국 지식 지형도의 차이는 중국식 사회주의 시장경제를 지향하는 중국과 아시아의 네 마리 용으로 한국과 같이 자본주의 길을 걷고 있는 대만의 경로상의 차이에서 비롯된 것이라고 판단된다(이근, 2007;2014). 중국과 대만 모두 한국의 경제 발전에 주목했다. 그런데 중국은 농촌 발전을 위한 한국의 새마을운동에 주목한 반면, 대만은 경제 발전을 통해 고도로 산업화된 한국의 경쟁력 있는 관련 산업에 주목했다. 한국의 금융위기 속에서 중국은 정부의 역할에 주목한 반면, 대만은 보다 선진적인 발전을 위해 금융정책에 주목했다. 중국은 중국식 발전 모델 창출에 있어 한국을 하나의 학습 대상으로 보는 경향이 강한 반면, 대만은 한중 간 경제 관계가 밀접해지는 상황에서 자신의 비교경쟁 우위 확보에 주안점을 둔 것으로 판단된다.

하지만 이러한 지식구조의 차이에도 불구하고 중국과 대만의 지식 지형도 분석을 통해 '시사점(啓示)', '비교(比較)'라는 키워드가 한국학 지식구조 형성에 매우 빈번하게 등장하고 있음을 확인할 수 있었다. 한국을 성공 경험의 발전 모델이나 실패 경험의 반면교사로 생각하며 자신들에게 유익한 시사점을 줄 수 있다고 판단하는 것이다. 한국의 경제 발전(새마을운동을 통한 농촌 발전 포함)과 금융위기, 고도 산업화는 자국과의 비교를 통해 시사점을 도출할 수 있는 하나의 학습 대상 혹은 모델로 상정하고 자국의 적용 가능성을 모색하는 것이다.

중국과 대만의 한국학 지식구조 생산의 원동력은 한국의 경제 및 산업 발전 과정을 비교 학습하여 자신들의 직면한 문제들을 최소한의 시행착오로 최대한 효과적으로 해결하고 그 경쟁 우위를 확보하기 위한 것으로 판단된다.

특히 중국의 한국학 지식 지형도 형성에 있어 '시사점(啓示)'이라는 키워드가 매우 중요한 역할을 하고 있음을 확인할 수 있었다. 중국 외교대학 총장을 역임했던 진아청(秦亚青)은 "돌을 더듬으며 강을 건너라"라는 덩샤오핑(鄧小平)의 말을 인용하면서 이는 미리 계획되고 계산된 것이 아닌 모든 것을 실용적으로 신중하게 처리하라는 메시지가 있음을 지적한 바 있다(문정인, 2010:374). 따라서 개념적, 이론적 논의를 통한 연구보다는 중국에 적용할 수 있는 성공 사례와 실패 사례를 발굴 분석하고 그 시사점을 제안하는 정책적 연구가 상당히 많다.

필자는 중국의 한국학 지식 생산·확산에 있어 중국 지식인을 포함한 중국 문화의 '실용성'이라는 특징이 강하게 작용하고 있음을 확인할 수 있었다. '과학기술'이라는 용어가 중국에서는 '과학적 기술'이라는 의미로 사용된다. 즉 진리를 위한 지식이 아닌 실용성을 최고의 목적으로 부국강병을 실현하고자 한다(余英時, 2007; 陈方正, 2009). 중국 문화는 사물의 속성을 파악, 범주화하여 그 범주의 보편적인 규칙을 발견하는 서양 문화와는 달리 인간의 감각을 지식의 기초로 삼아 구체적인 행동으로 이어지지 않는 추상적인 사고는 무의미한 것으로 생각하는 실용적인 경향이 강하다(Nisbett, 2016). 즉 중국인의 사유는 구체적인 사물과 사례를 통해서 즉물적(卽物的), 구상적(具象的)인 사유를 구성하는 방향으로 발전해 왔다(中村元, 1990).

2. '중국의 한국학' 지식확산 모델과 한국학 세계화 모델

본 연구를 통해 한국학 지식확산 모델의 전형적인 사례를 발견할 수 있었다.

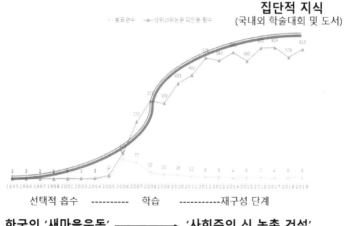

<그림 102> 중국의 한국학 확산 모델: 새마을운동 사례

위 그림을 통해 2004년 전 확산 초기에는 '새마을운동' 관련 주제가

상대적으로 소수의 연구자에 의해 진행되다 2005년과 2006년 많은 연구가 진행되면서 점차 종형 모양의 빈도분포 곡선을 이룬다. 연간 평균적으로 진행된 이러한 연구들이 누적되면서 시간의 경과에 따른 S형 곡선을 형성하게 된다. 이런 과정에서 중국 연구자 개인 차원의 지식이 국내외 학술대회나 도서 형태의 집단적 차원의 지식으로 발전된다는 것을 확인할 수 있었다.

한편, 이는 진관타오(金觀濤) 등(2010)이 주장하는 중국의 지식 생산·확산 기제와 일정 정도 부합하는 연구 결과라고 판단된다. 즉 중국의 주요 관념사(키워드)들은 모두 하나같이 '선택적 수용-학습-중국식 재구성'이라는 3단계 과정을 거쳐 형성된다는 것이다. 즉 중국 현실에 맞게 선택적으로 학습하고 이것을 중국 상황에 맞게 재구성하는 과정이다. 중국은 한국의 '새마을운동'을 선택적으로 수용해 자신들의 농촌 문제를 효과적으로 해결할 수 있는 성공적 사례로서 지속적으로 연구하게 되고 이것이 중국 상황에 적용 가능한 '사회주의 신농촌 건설'이라는 지식구조로 재구성된다.

이상의 연구 결과는 한국학 세계화 모델을 도출할 수 있는 하나의 실증적 사례라고 판단된다. 본 연구는 한중연 한국학진흥사업단 과제 가운데 한국학 세계화 랩 사업에 대한 지식 지형도 분석을 별도로 진행했다. 2020년 9월 3일 기준으로 총 27개의 과제가 검색되었고, 과제명에서 명사형 키워드 141개 키워드를 추출했다.

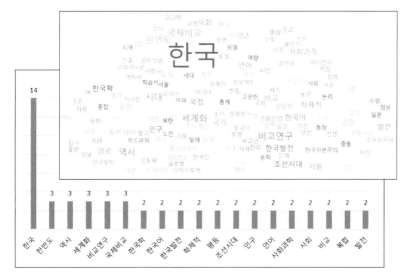

<그림 103> 한중연 한국학 세계화 랩 키워드 분포도·클라우드

키워드 빈도 분석 결과 '한국' 14회, '한반도' 3회, '역사' 3회, '세계
화' 3회, '비교연구' 3회, '국제비교' 3회, '한국학' 2회, '한국어' 2회, '한
국발전' 2회, '학제적' 2회, '평등' 2회, '조선시대' 2회, '인구' 2회, '언어'
2회, '사회과학' 2회 등의 순으로 나타났다.

동시 출현 횟수 2회 이상 키워드의 연결 정도 중심성 분석 결과를
도식화하면 아래와 같다.

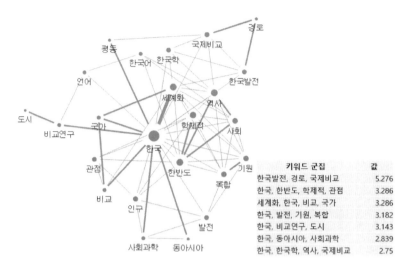

키워드 군집	값
한국발전, 경로, 국제비교	5.276
한국, 한반도, 학제적, 관점	3.286
세계화, 한국, 비교, 국가	3.286
한국, 발전, 기원, 복합	3.182
한국, 비교연구, 도시	3.143
한국, 동아시아, 사회과학	2.839
한국, 한국학, 역사, 국제비교	2.75

<그림 104> 한중연 한국학 세계화 랩 키워드 연결망 분석·군집 분석

'세계화-한국' 3회, '경로-국제비교' 2회, '국가-비교' 2회, '국가-세계화' 2회, '도시-비교연구' 2회, '동아시아-한국' 2회, '비교-한국' 2회, '비교연구-한국' 2회, '사회-역사' 2회, '사회-한반도' 2회, '사회과학-한국' 2회 등의 순으로 나타났다.

키워드 동시 출현 횟수와 군집 분석 결과를 종합해 보면, '한국발전 경로 국제 비교', '한반도 한국의 학제적 관점', '세계화 한국의 국가 비교, 한국 발전 복합적 기원', '한국과 동아시아 사회과학', '한국의 한국학 역사 국제 비교', '한국 도시 비교 연구' 등의 지식구조를 형성하고 있다.

본 연구 결과를 통해 한국학의 세계화를 위해서 타자 인식에서 출발하는 한국학의 필요성을 확인했으며, 한중연 세계화 랩을 통해 그 세계화의 길을 걷고 있음을 확인했다. 현실적인 동기 아래 강한 실용성을 띤 중국과 대만의 한국학과 한국학 세계화 랩의 지식구조 사이에 중요한 하나의 접합점을 발견할 수 있다. 즉 한국의 성공적인 경제 발전 경로를 다른 국가와의 비교 관점에서 접근해 제시하는 세계화의 한국학이 필요하며 그것이 현재 진행되고 있다는 것이다. 이를 통하여 한국학의 국제적 경쟁력 제고와 한국학의 세계화를 실현할 수 있을 것이다.

3. '중국의 한국학' 지식 생산·확산의 오피니언 리더 연구

중국의 한국학 지식은 복단대, 길림대, 연변대 등 한국어과·한국연구소가 설치된 기관에서 가장 많이 생산되었다. 특히 연변대의 경우 한국연구기금 지원을 가장 많은 기관이기도 하다. 이 외에 중국인민대, 청화대, 동북재경대, 하문대, 무한대, 상해대, 화동사범대, 대외경제무역대, 상해재경대 등의 경우 한국어과 및 한국연구소가 없지만 한국학 지식 생산에 많은 역할을 담당하고 있었다. 이 외에 경희대, 충남대, 연세대, 고려대, 한국외대, 중앙대 등 한국의 대학기관 역시 중국의 한국학 지식 생산에서 중요한 역할을 담당하고 있음을 확인할 수 있었다.

한국학 지식 생산의 저자별 분포도를 통해 중국사회과학원(中国社会科学院) 오련희(吳蓮姬), 중국핵과학기술·경제연구원(中国核科技信息与经济研究院) 오호송(伍浩松), 중국사회과학원 경제연구소 첨소홍(詹小洪) 등의 연구자가 가장 많은 한국학 지식을 생산했다. 이 가운데, 오련희(吳蓮姬), 첨소홍(詹小洪)은 한국 방문학자를 역임한 바 있다.

한편, 지식 생산과 지식 확산 영향력을 비교하기 위해 전체 논문과 피인용 횟수 상위 500편 논문의 저자별 분포도를 비교한 결과 발표 편수와 그 피인용 횟수가 직접적 상관 관계에 있지 않음을 확인할 수 있었다. 피인용 횟수 역시 키워드 분포처럼 '멱함수', 즉 많이 인용된 소수의 논문이 계속 인용되어 나타나는 '부익부 빈익빈 현상'이 나타나고 있었다.

물론 발표 편수가 많으면서 동시에 피인용 횟수가 많은 오피니언 리더도 일부 존재했다. 가장 대표적으로 중국교육과학연구원(中国教育科学研究院) 이수산(李水山)[37] 연구자의 경우 23편으로 한국학 지식생산 (발표 편수) 5위에 분포되었다. 동시에 2001년 발표한 '한국 새마을운동이 중국 농촌 경제 발전에 미치는 영향(韩国新村运动对农村经济发展的影响)' 논문과 2004년 발표한 '한국의 새마을운동(韩国的新村运动)' 논문의 피인용 횟수가 각각 95회, 81회를 기록해 피인용 횟수 상위 5, 6위에 분포되었다. 이수산 연구자는 미국, 일본 등에서 방문학자를 역임한 바 있으며 특히 한국의 새마을운동 중앙연수원의 방문학자를 역임했다.

상해재경대학(上海财经大学) 김종범(金钟范)[38] 연구자는 18편으로

37) 이수산 연구자 경력과 연구성과는 아래와 같다. 男, 黑龙江省佳木斯人。1974年8月参加工作；1982年东北农业大学毕业；1990年3月日本香川大学硕士研究生毕业回国。长年工作在农业部, 历任教育司、科技教育司综合处、成人教育处、职业教育处处长, 目前就职于教育部中央教育科学研究所。曾在美国依阿华大学、韩国新村运动中央研修院、日本关西大学文学部, 法国、荷兰、德国农业科技协会进修深造考察。曾任中央讲师团支队长、河北省藁城市副市长。掌握三门外语, 通晓三种语言文字, 又是新式随笔、童话与电影文学作家。[社会职务]: 历任中国继续工程教育协会常务理事；中国农业高等成人院校研究会常务理事、常务副理事长；教育部中国职业教育学会"三农"问题专家, 沈阳农业大学、湖南农业大学兼职客坐教授, 中国农业大学"三农"教育首席专家顾问。[研究方向]: 农村(业)教育、农村职业教育、农民教育、比较教育、"三农"问题、新农村建设等2.[主持课题]: 先后主持4项教育部、农业部"九五"、"十五"重点课题及规划课题, 参加了 ≪中华人民共和国农村教育史≫等2项国家级课题研究, 1项中国教育学会"十五"重点课题

38) 김종범 연구자 경력과 연구성과는 아래와 같다. 金钟范 博士(Dr. JIN Zhongfan), 男, 1957年7月生, 教授、世界经济学专业博士生导师。上海财经大学财经研究所研究员。世界经济研究中心副主任、东亚研究室主任。1982年1月毕业于长春地质学院(现归并到吉林大学), 获学士学位, 地质学专业；1997年 2月、2000年8月, 前后在韩国汉城大学获硕士、博士学位, 城市地理学专业。1982~1986年, 在吉林省地质矿产局第六地质调查所任助理

한국학 지식생산(발표 편수) 7위에 분포되었다. 동시에 2010년 발표한 '기업 모회사와 자회사 연계의 다국적 도시 네트워크 구조(基于企业母子联系的中国跨国城市网络结构——以中韩城市之间联系为例)' 논문, 2004년 발표한 '한국의 소형도시 발전정책과 시사점(韩国小城镇发展政策实践与启示)' 논문, 2005년 발표한 '한국의 친환경농업발전 정책과 시사점(韩国亲环境农业发展政策实践与启示)' 논문, 2002년 발표한 '한국의 지역개발 정책 경험과 시사점(韩国区域开发政策经验与启示)' 논문의 피인용 횟수가 각각 64회, 49회, 46회, 23회를 기록했다. 김종범 연구자는 한국의 한성대학(汉城大学)에서 도시지리학으로 석·박사 학위를 취득했다.

한편, 다작은 아니지만 국가행정학원(国家行政学院) 석뢰(石磊) 연구자가 2004년 발표한 '새로운 발전 패러다임 모색–한국의 새마을운동과 중국향촌 건설(寻求"另类"发展的范式——韩国新村运动与中国乡村建设)' 논문은 피인용 횟수 171회를 기록하며 새마을운동 지식 확산에 큰 역할을 했다. 중국의 대표적 학자로 손꼽히는 석뢰(石磊) 연구자는 한국고등교육재단의 지원을 받아 한국 방문학자를 역임한 바 있다.

이 외에, 중국사회과학원(中国社会科学院) 아시아태평양·글로벌전략 연구원(亚太与全球战略研究院) 김영희(金英姬) 연구자가 2006년 발표한 한국의 '새마을운동(韩国的新村运动)' 논문은 피인용 횟수 105회를 기록했다. 북경대학(北京大学)을 졸업한 대표적 조선학 엘리트 학자로 한국 한양대에서 경영학 박사학위를 취득했다.

한국연구기금 지원 논문 가운데 피인용 횟수 상위 논문의 상당수가

工程师。1986~2000年, 在延边大学地理系任讲师, 副教授。2000年进上海财经大学财经研究所。曾于1994~1995年在韩国汉城大学工学研究所作访问学者。

중국인과 한국인 연구자 협업으로 진행되었음을 확인할 수 있었다. 또한 한국 방문학자를 역임한 바 있는 중국인 학자들의 논문이 다수를 이루었다.

이상의 내용을 종합해 보면, 중국 내 한국학 지식을 생산·확산시키는 오피니언 리더들은 대체적으로 한국 방문학자나 한국대학 석박사 학위 취득을 통해 한국과의 연계를 지니고 있음을 확인할 수 있다.

제2절 정책적 제안

본 절에서 이상의 연구 결과 분석을 토대로 몇 가지 정책적 방안을 제시하고자 한다.

1. '새로운 한국학' 지식 지형도 기반의 한국학 세계화 사업 시행

해외 한국학을 포괄하는 보다 개방적이고 균형 잡힌 한국학에 대한 관점과 그에 따른 연구 방향 설정이 필요하다. 중국과 대만 지역에서 생산·확산된 한국학 지식은 그들이 처한 지역의 내재적 필요, 정치·사회 및 지적인 배경에 따라 서로 다른 문제 제기와 연구 내용을 형성하고 있다(김경일, 1996).

해외에서 현지 학자들의 시각으로 진행되고 있는 해외 한국학, 타자적 관점을 포함하고 있는 한국학, 타자의 필요에 의한 한국학에 대한 연구 방향이 필요하다. 즉 외향적(Out Bound) 한국학이라는 입장에서

내향적(In Bound) 한국학이 균형 있게 어우러진 한국학의 정립이 필요하다(임형재, 2014). 이 과정에서 해외의 한국학 연구자들을 포함한 한국학 의미에 관한 합의가 필요하다. 해외 한국학에서의 해외란 단순히 장소나 연구자의 국적에 초점을 맞춘 것이 아니고 한국학의 객체화가 매우 중요하다. 이를 통해 해외 한국학은 한국학을 타자화함으로써 기존 지식의 재해석과 변용이 가능하고 새로운 지식의 생산이 가능하다(김진량, 2019).

이상의 선행 연구들에서 지적한 것처럼, 타자 인식 한국학과 주체 인식 한국학의 균형 속에서 '새로운 한국학' 지식 지형도의 필요성이 제기되고 있다. 이런 측면에서 중국과 대만 지식 지형도는 '새로운 한국학' 지식 지형도 작성에 중요한 실증적 데이터로 활용될 수 있다. 이는 한중연의 세계화 랩 지식 지형도 분석을 통해서도 부분적으로 확인되었다. 향후 더욱 더 많은 타자 인식과 주체 인식의 접합점을 발굴하여 이를 '새로운 한국학' 사업으로 진행해야 할 것으로 판단된다.

2. 오피니언 리더를 통한 한국학 지식확산 네트워크 구축

선행 연구는 한국학 진흥과 세계화를 위한 관련 정책 집행 대상이 중국 내 특정 연구자 혹은 중점·거점 학술연구기관에 집중되었고, 그 분야 또한 특정 분야에 편중되어 분산적으로 진행되었다는 평가가 있다(이규태, 2010; 김중섭 외, 2012; 송현호, 2018). 지금까지 해외 한국연구 학자들의 학문적 성숙도나 역할보다는 한국과의 친숙함 혹은 소속기관의 유명 정도를 바탕으로 관련 정책과 사업이 진행된 경향이 강했다. 따라서 특정 핵심 지역의 소수 중점 대학을 중심으로 진행되고 있

는 지원사업을 지역별 저변 확대 차원에서 다원화와 분산화할 필요성
이 있다(이규태 외, 2010).

중국대학의 한국어과·한국연구소는 지금까지 중국의 한국학 저변
확대에 중요한 역할을 했으며, 이런 과정에서 일부 연구자와 연구 기관
은 중국과 대만 내 한국학 지식 확산에 매우 중요한 역할을 담당해 왔
음을 확인했다. 본 연구를 통해 파악된 오피니언 리더(연구자와 연구
기관)를 활용한 한국학 세계화 사업 진행이 필요하며 이런 과정에서
오피니언 리더를 중심으로 한국학 지식확산 네트워크를 더욱 더 확대
해 나가는 것이 중요하다.

3. 한국학 지식 확산의 유형별 '연결자'(bridges) 활용

본 연구는 '중국과 대만의 한국학'과 '한국의 한국학' 지식 지형도 비
교를 통해 한국학에 대한 인지적 불일치를 확인했다. 이는 중국과 대만
내 한국학 지식 확산은 본질적으로 한국에 대해 주관적으로 인지된 정보
가 중국 내에서 커뮤니케이션되는 과정이기 때문이다. 즉, 선택적 수용-
학습-재구성이라는 사회적 구성 과정을 거쳐 지식구조가 형성되는 것이
다. 따라서 이러한 한국학에 대한 인지적 불일치를 극복할 '연결자'(bridges)
의 역할이 매우 중요하다(Burt, 2002). 개혁의 확산(Rogers, 2003) 및 연
결자 유형 분석(Gould&Fernandez, 1989)에 따르면 두 당사자가 직접 연
결되지 않은 경우 '브릿지'를 통한 관계의 빈도와 강도가 증가하면 양자
간의 동질화가 진행되어 그 통합이 증대된다. 따라서 타자 인식과 주체
인식의 한국학 지식 지형도의 간극을 메우기 위해서는 이들 '브릿지'의
역할이 매우 중요하다. 본 연구는 중국과 대만 한국학 지식 생산·확산

에 있어 아래와 같은 유형별 브릿지를 파악하고 그 활용 방안을 제안하고자 한다.

<표 37> 중국과 대만의 한국학 브릿지 유형과 그 역할

	유형	역할
1	중국인(조선족) 연구자	한민족 구성원이자 중국 국민이라는 이중 정체성을 활용한 타자 인식과 주체 인식의 매개자
2	한국 방문학자나 한국학위 소지의 중국인(한족) 연구자	타자 인식 한국학의 주체
3	한국(중국)의 한국인 연구자	주체 인식 한국학의 주체

1) 중국인(조선족) 연구자: 한국어(조선어)와 중국어가 모두 가능하다는 점에 착안해 주체 인식 한국학의 연구성과를 중국어로 번역 소개하고 타자 인식 한국학을 한국어로 번역 소개하는 중개자 역할이 가능하다. 중국 대학의 한국어과·한국연구소에 소속되어 있는 조선족 연구자 외에 중국 정부 기관 및 연구 기관 소속의 조선족 연구자를 파악하고 이들에 대한 사업 지원이 중요하다.

2) 중국인(한족) 연구자: 언어적·문화적 장벽에도 불구하고 타자 인식 한국학의 주체로서 한국 방문학자와 학위 취득을 통해 한국의 한국학을 중국적으로 인식한 후 중국 내 확산시키는 매우 중요한 역할을 한다. 중국 발전에 필요한 한국의 장점을 학습하여 중국에 확산시키고자 하는 명확한 목적 의식을 가지고 있기 때문에 한국연구기금을 활용한 대학 간 협력프로젝트, 농촌 연구 및 관광 연구 등의 지역적 특색을 고려한 정부 간 협력프로젝트 진행자 역할이 가능하다.

3) **한국(중국)의 한국인 연구자:** 중국 유학 경험을 바탕으로 한국 연구를 중국에 소개하는 주체 인식 한국학의 주체다. 중국에 적용 가능한 한국의 성공 사례를 지속적으로 소개함으로써 중 '새로운 한국학' 발전을 추진할 수 있고 이를 기반으로 한국학 세계화 모델 정립, 연구 결과물의 중국과 대만 지역 내 교육을 진행할 수 있다. 또한 중국과 대만 지역 내 한국 연구 커뮤니티 구축과 차세대 한국 연구자를 양성할 수 있다.

4. 중국과 대만 내 한국학 지식 지형도 관련 데이터 DB화 및 활용

한국 정부 관련 기관(한국연구재단, 한국학중앙연구원, 한국국제교류재단, 중앙·지방정부)과 대학기관, 한국고등교육재단 등이 제공한 한국 연구기금은 중국과 대만의 한국학 생산·확산에 중요한 역할을 하고 있다. 한국학 지식 지형도 관련 데이터를 DB화하여 연구 성과물에 대한 질적·양적 평가 잣대로 활용하고 이를 바탕으로 향후 기금 과제 방향 설정에도 활용할 수 있다.

중국과 대만의 한국학 생산 연구자(기관) 및 오피니언 리더 관련 데이터를 DB화하여 지속적인 사후 관리와 지원이 중요하다. 예를 들어 한국연구기금 수혜 연구자(기관), 한국 방문학자들을 파악·리스트하여 한국학 사업 정보를 지속적으로 메일링하고 관련 피드백을 받는 시스템을 구축한다. 더 나아가 이들의 네트워크를 한국학 생산·확산 플랫폼으로 활용할 수 있도록 한다.

참고문헌

곽기영, 『소셜 네트워크분석』, 서울, 청람, 2017.

곽수민, 해외한국학 동향 분석 및 발전요인 연구, 『정신문화연구』 제35권 제3호, 2012년.

김경일, 미국의 지역 연구와 사회과학, 『사회과학연구』 Vol. 3, 1996, 1-18.

김도희·왕샤오링, 『한중 문화 교류-현황과 함의 그리고 과제』, 폴리테이아, 2015.

김용학, 『사회연결망 이론』, 서울, 박영사, 2007.

김용학·김영진, 『사회연결망 분석』. 서울, 박영사, 2016.

김용학·김영진·김영석, 한국 언론학 분야 지식 생산과 확산의 구조, 『한국언론학보』, 52권 1호, 2008.

김윤태, 중국의 한국학 연구동향, 『中國研究』 38卷, 2006.

김윤태, 대만의 한국연구 지식구조-대만 학술논문 데이터 기반분석-, 『中國과 中國學』, 2020.

김종현, 중국의 한국연구 동향: 사회과학 영역에서의 연구에 한하여, 『한국학연구』 19, 2008.

김중섭·임규섭, 중국에서의 한국학 연구 발전 과정과 과제, 『한국어교육』, 2012.

김진량, 해외한국학의 현지화 연구-한국학중앙연구원 해외한국학 씨앗형사업 성과 사례를 중심으로, 『정신문화연구』 제42권 제1호(통권 154호), 2019.

리처드 니스벳(Richard E. Nisbett), 최인철 역, 『생각의 지도』, 김영사, 2016.

문정인, 『중국의 내일을 묻다(중국 최고 지성들과의 격정토론)』, 삼성경제연구소, 2010.

박동훈, 중국에서의 한국정치 연구동향과 과제: 『韓國研究論叢』과 『當代韓國』을 중심으로, 『한국과 국제정치』 29권, 2013.

박배균, 한국학 연구에서 사회-공간론적 관점의 필요성에 대한 소고, 『대한지리학회지』, 통권 148호, 2012.

박찬승, 한국학연구 패러다임을 둘러싼 논의-내재적 발전론을 중심으로-, 『한국학논집』, no.35, 2007.

박한우·Loet Leydesdorff, 한국어 내용 분석을 위한 KrKwic 프로그램의 이해와

적용: Daum.net에서 제공된 지역혁신에 관한 뉴스를 대상으로,『Journal of the Korean Data Analysis Society』, 6(5), 2004.

배규범, 중국에서의 한국학 연구 방향 모색,『인문학연구』25권, 2014.

백영서, 지구지역학으로서의 한국학의 (불)가능성-보편담론을 향하여,『동방학지』, no.147, 2009.

빅토어 마이어 쇤베르거&케네스 쿠키어,『빅 데이터가 만드는 세상-데이터는 알고 있다』, 21세기북스, 2013.

손동원,『사회 네트워크 분석』, 경문사, 2008.

송민선・고명만, 국내 한국학 분야의 연구 영역 식별을 위한 거시적 지식구조 분석 연구,『정보관리학회지』, 32(3), 2015.

송현호, 중국지역의 한국학 현황,『한중인문학회』35집, 2012.

송현호,『한중 인문교류와 한국학연구』, 태학사, 2018.

심의림(沈儀琳), 中國에서의 韓國學研究 現況,『中蘇研究』통권 56호, 1992.

어빙 고프먼, 진수미 역,『상호작용 의례-대면행동의 에세이』, 아카넷, 2013.

에버렛 로저스, 김영석・강내원・박현구 역,『개혁의 확산』, 커뮤니케이션북스, 2005.

余迎迎, 중국의 한국학과의 현황과 과제,『중국학연구회 학술발표회』, 2013.

예성호, '초점 없는 상호작용' - '관계 커뮤니케이션'이론으로 분석한 한중 비즈니스 교류 특징과 그 문화적 요인,『중국과 중국학』, 2016.

예성호, 한중 문화간 교류의 변증법적 상호작용 패턴: 재중 한국인들의 문화갈등 현상을 중심으로,『중소연구』제36권, 2012/2013.

예성호, 중국의 한국학 지식지도 연구: 1992-2016년 경제・경영 분야의 학술논문 키워드 연결망 분석,『중국학연구』, 90집, 2019.

위잉스(余英時), 김병환 역,『동양적 가치의 재발견-21세기 새로운 담론 코드』, 동아시아, 2007.

이광희,『지식지도 작성을 위한 기초연구』, 서울, 한국학술재단, 2013.

이규태 외 2, 한국의 중국학과 중국의 한국학: 연구추세의 비교 분석,『경제인문사회연구회』, 2010.

이근,『동아시아와 기술추격의 경제학』, 서울, 박영사, 2007.

이근,『경제추격론의 재창조: 기업 산업 국가 차원의 이론과 실증』, 서울, 오래,

2014.

임형재, 해외한국학에 대한 접근방법 연구-한국학의 유형 분석을 중심으로, 『한국언어문화학』 제11권 제2호, 2014.

전성운, 한국학의 회념과 세계화의 방안, 『한국학연구』, no. 32, 2010.

조영남, 중국 제2기 후진타오 체제의 출범과 정책변화, 『중소연구』 32권, 2008.

조지형, 미국에서의 한국학의 흐름과 전망: 안과 밖의 생산적 대화를 위하여, 『미국사연구』, 제15집, 2002.

존 스콧(JOHN SCOTT), 김효동 외 역, 『소셜 네트워크 분석』, 커뮤니케이션북스, 2012.

중촌원(中村元), 김지견 역, 『중국인의 사유방법』, 까치, 1990.

채미화, 동아시아 한국학 방법의 모색, 『한국학 연구』, 2007.

肖霞·李忠輝, 中國韓國學研究現狀、問題及建議, 『인문학연구』 13, 2012.

張國強·鄭傑, 중국에서의 한국학 연구 현황과 전망, 『동아문화』 52, 2014.

통일연구원, 『중국인의 한국에 대한 인식조사』, 외교부, 2017.

피터 버거·토마스 루크만, 하홍규 역, 『실재의 사회적 구성』, 문학과 지성사, 2014.

康继军·张宗益·傅蕴英, 金融发展与经济增长之因果关系—中国、日本、韩国的经验, 金融研究 10, 2005.

金观涛·刘青峰, 观念史研究: 中国现代重要政治术语的形成, 法律出版社, 2010.

董向荣·王晓玲·李永春, 韩国人心目中的中国形象, 社会科学文献出版社, 2011.

杜冰, 韩国文化产业发展现状, 国际资料信息 10, 2005.

骆莉, 韩国的文化发展战略与文化产业的发展, 东南亚研究 03, 2005.

鲁桐·郑俊圭, 韩国企业在中国的投资与中韩经贸关系展望, 世界经济与政治, 2005.

刘宝全, 近三년来中国的韩国学研究—综述与展望, 当代韩国, 2009.

刘希宋·邓立治·李果.日本, 韩国汽车工业自主创新对我国的启示, 经济纵横, 2006.

陆园园·谭劲松·薛红志, "引进-模仿-改进-创新"模型与韩国企业技术学习的演进过程, 南开管理评论, 2006.

李奎泰, 当代韩国"中国学"与中国"韩国学"之比较, 当代韩国, 2012.

李得春·刘娟, 韩国学和中国的韩国学, 东疆学刊, 2006.

李水山, 韩国新村运动对农村经济发展的影响, 当代韩国, 2001.

李战杰, 韩国中小企业债券融资模式研究及对我国的启示. 中央财经大学学报, 2009.

李忠辉 · 肖霞, 中国韩国学研究的现状、特征与趋势—基于1998～2010년 CSSCI 数据, 当代韩国, 2012.

李辉 · 刘春艳, 日本与韩国城市化及发展模式分析, 现代日本经济, 2008.

闻岳春, 韩国中小企业金融支持体系及对中国的借鉴, 上海金融, 2005.

石源华, 中国韩国学研究的回顾与展望, 当代韩国, 2002.

石源华, 中韩建交二十년来中国韩国学现状及发展, 当代韩国, 2012.

邵建云, 在经济发展的早期阶段上政府的领导作用: 韩国的经验, 经济社会体制比较, 1992.

王箫轲, 中国学界对韩国经济—经营领域的研究现状、问题及展望, 当代韩国, 2013.

王静 · 日本, 韩国土地规划制度比较与借鉴, 中国土地科学, 2001.

张琦 · 金继红 · 张坤 · 许再超, 日本和韩国土地利用与经济发展关系实证分析及启示, 资源科学, 2007.

蒋丽, 中国的韩国政治研究现状分析, 延边大学, 国际政治硕士, 2017.

张利庠 · 缪向华, 韩国、日本经验对我国社会主义新农村建设的启示, 生产力研究, 2006.

张寅, 韩国文化创意产业的发展模式, 中国投资, 2006.

郑成宏, 当代中国的韩国学研究现状与趋势, 中国社会科学院研究生院学报, 2003.

陈坚, 韩国银行开展中小企业信贷业务的实践及其借鉴意义, 金融论坛, 2006.

陈方正, 继承与叛逆: 现代科学为何出现于西方, 生活.读书.新知三联书店, 2009.

陈昭玖 · 周波 · 唐卫东 · 苏昌平, 韩国新村运动的实践及对我国新农村建设的启示, 农业经济问题, 2006.

秦亚青, 关系与过程: 中国国际关系理论的文化建构, 上海人民出版社, 2012.

秦朵, 外贸与金融传染效应在多大程度上导致了韩国1997년的货币危机?, 世界经济, 2000.

蔡美花 · 金洪培, 东亚韩国学方法之探索, 东疆学刊, 2008.

韩立民, 韩国的"新村运动"及其启示, 中国农村观察, 1996.

黄隽 · 汤珂, 商业银行竞争、效率及其关系研究—以韩国、中国台湾和中国大陆为例, 中国社会科学, 2008.

黄隽, 银行竞争与银行数量关系研究—基于韩国、中国和中国台湾的数据, 金融研究, 2007.

Burt, R. S., 2002, "Bridge decay", Social Networks 24: 333-363.

Gould, R. V. and R. M. Fernandez, 1989, "Structures of Mediation: A Formal Approach to Brokerage in Transaction Networks", Sociological Methodology. Vol. 19, 89-126.

K. l. Kim, "Origins and Geneologies of Korean Studies Focusing on Korea, East Asia and USA", Journal of Society and History, 2003, 64, 129-165.

Max H. Boist, *Information Space: A Framework for Learning in Organizations Institutions and Cultures*, London: Routledge, 1995.

Max H. Boist, *Knowledge Assets: Securing Competitive Advantage in the Information Economy*, Oxford: Oxford University Press, 1998.

Newman, M. E., 2005, Power laws, Pareto distributions and Zipf's law, Contemporary physics, 46(5), 323-351.

Rogers, Everett M, 2003, Diffusion of Innovations(Fifth Edition), Glencoe: Free Press.

Wasserman, S. and K. Faust, *Social Network Analysis: Methods and Applications*, Cambridge: Cambridge University Press, 2009.

Zipf, G. K., 1949, Human Behavior and the Principle of Least Effort, Addison-Welsey: Reading, Mass.

예성호

주요 학력 및 경력
중국 푸단대학(复旦大学) 문학박사(문화 간 커뮤니케이션)
현재 서울외국어대학원대학교 한중 통번역학과 조교수
현재 중국 남경재경대학(南京财经大学) 한중문화&기업발전연구소 소장
현재 한국외국어대학교 국제지역대학원 중국학과 객원 강의교수

주요 논문 및 저서
'한중 수교 이전 조선족 기업가 중개자 역할분석: 재중동포 서신DB 텍스트 마이닝을 중심으로'(2021)
'사회 네트워크 관점으로 살펴본 조선족 기업의 경쟁력 분석: 중개자 유형별 분석 틀을 중심으로'(2020)
'중국의 한국학 지식지도 연구: 1992년~2016년 경제·경영 분야의 학술논문 키워드 연결망 분석'(2019)
『재중 한국인 사회의 형성과 초국가주의적 생활 경험』(공저, 2019)
『이민행정기관의 조직과 운영에 관한 국제 비교』(공저, 2018)
'Mining Semantic Tags in a Content Analysis System for a Letter Database of Ethnic Koreans Living in China'(공저, 2018)

중국과 대만의
한국학 지식 지형도

경제 · 경영 분야
학술 데이터 분석

초판인쇄   2021년 12월 30일
초판발행   2021년 12월 30일

지은이   예성호
펴낸이   채종준
펴낸곳   한국학술정보㈜
주 소   경기도 파주시 회동길 230(문발동)
전 화   031) 908-3181(대표)
팩 스   031) 908-3189
홈페이지   http://ebook.kstudy.com
E-mail   출판사업부 publish@kstudy.com
출판신고   2003년 9월 25일 제406-2003-000012호

ISBN   979-11-6801-270-7   93340